呂思勉 著

呂思勉手稿珍本叢刊

中國古代史札録

2

政治政體二

封建一

第二册目録

政治政體二

對个人主義
以團體爲政治單位

國以爲民民非爲國

故無國可以足人　無人不能有國

國家乃得總攬一切

故不僅國家，即不道之法，所不容擇。雖村夫

權下人論者，亦不敢為是之言。

國權當劃

古分以知事人以德化人設為古

國家之權當劃之　國體與地方

主權在民

權力法律之源　皆在人民　孫羅斯之政時代

說亦不無但其實未足也

議會

古代人民直接議會

近世代議議會

政才

平安無事之時政治家之所才能不為見要地恒為庸人所據至蜩螗沸羹之際而其才乃獲自見焉舊制之改革亦恒在此時也

契約説

非始十六世紀希臘羅馬以有之

基督教論政治

謂國家之政治者救靈之制亦治靈之制也此等制非乃強暴之人民亦不當抵抗以上帝使之罰罪也　吾民權利所不能比之更溯上帝之代表其權乃當取

又謂國為上帝之代表

劉其焕上帝名書

Dictator

篤吾〇乃羅馬共和一王之後廢為一年一任之兩執政官兩人權力相等互相牽制行政權力太弱緊急時乃設此權力不受限制

家族在羅馬為重要措辦政治軍事之基

制度興替

制呂其所由興所由興[redacted]替存續

存續存矣

獲一之利

獨小之國協萬國戰爭免　道德之勝

合由之可見權實

經傳主權

共產主義與治經傳主權説

改良與革命

前者舊支配階級爲之支配階級特徵

後者全除

集屬其職取主權也

國家與壓迫

有國家而壓迫成爲合法

國家的是機能的、
某人論　十八世紀生物學盛時人各為機
斷　法國哲學家　契約說盛時以國為
人（生）乃為機械
主今人自己目的機械說未是也

國家起原

自歷史觀　家族擴大

自宗教觀　神意權力表見

自哲學觀　民治目的　契約天主說

自社會學觀　勝者治負者所內

革命外

謬說

自哲學觀　契約

自生物觀　掠奪

今日一部分社會黨及他部分社會黨

階級競爭與調審合群

國家要素

土地 人民 財産 主權

國家根本作用

在對國內一切糾紛 以最後威權維持社會之安

寧苟有國家必有此此用不廢國家不廢

國家根本作用

並對國內一切糾紛 以最後威權維持社會之安

寧苟且國家若可有用 無用不廢國家不廢

國家無維持秩序之力

他權力實皆超國家之上

國權限制

成文的憲法　不成文的民約

專制權力之特權　種種的限制

自憐

因而服从世上人類本性

國体之成

國境通 國功用

政治多元主義
為職業特體制使之然

國家學說

國家者政治組織之人類社會學和獨立學

用具最高統治權者也 即不完全者不為國

政治

由氏族至國家

由財富造成　同時進於文明

貴族代親屬

兵役代團結互助

勞役成爲大多數人的命運

氏族組織破壞
- 政治——國家　不建築在血統關係上　建築在地方的關係上
- 經濟——家庭　與共土地爲所有　有許多奴隸　成爲經濟上一單位　生產以其消費

氏族專分化　國家
- 政治上　主權——利益常互相反
- 社會上　貧富——保障多數剝削
- 產業上　專門職業——國家以有組織中裁制數多數

由民族至國家　某種家庭與氏族之族人分離　階級

階最助長之　軍事領袖永久　為長老與貴族助

之統治　此外有貴者自由民及奴隸

以強制之力使互相衝突之利益平衡　惟隨時良貴族之

廣

統治者　貴族　平民之爭　則成各種制度　自貴族共和到君主專制

印度之考慮

作勝因

分為都薩　中央要進與甚密係人皆可

中央亦無大用費　故不強固[illegible]亦為

非未甘作服

都薩擁立故道路少〻〻都薩叠擁立

故生活程度不易增高　其人亦不活動

國家与社會

凡社會皆以求福，國是一社會，[illegible]其範圍特大，求最高之福，[illegible]至善之一切[illegible]

事[illegible]皆以此為國家之試國群之一事，凡人特重，凡特群而不能自行其[illegible]

羅馬共和政治之原

鄧寧政治思想史第二編　三頁

平民議會　護民官

見の、五、六頁

小國寡民

柏拉圖之理想人數五千〇四十家 生子限制

踰過多移於殖民地 土地均分

亞里斯多德 以是之事多識其度

民無彼此相知 治者無徧知其民

孟德斯鳩謂共和宜小 專制宜大 小則公益易

見 大則公益易為私益犧牲

蓋自希臘羅馬至於盧騷皆以為不宜
共和大要專制今論者仍自以萬言為此論
何異什萬乘者謂之善治矣乎

更曾泥特重乎仟由秋令

工業廣集中入羅都鄙人乃半工半農者也

方且相倚賴由之滅後乃手自爲之

中國之實民

吾國所以[illegible]之[illegible]冥之上則[illegible]代以其發生於獨居之地理

其自然之小聯合，其政治之適宜，社會之保持

雖發展國家，法意之屬統一

中國農民

根本民治理 是 知識 同情 真理 自由

時推中國作中民之

民治宜小

今之大縣在新聞界遠於村事之

真相無由見小縣則無此弊

國家代的改革之契

集中組織者徒形體粗畫一而仍實際

且官僚政治養材六年的故事耳

降低國家功能

而今日已開始討論中央與省之關係契　重新劃分

如是之論　集權主義者對州際

令人可嘆矣

個人主義

重商主義時代國家積極政策之反動

今之政治家之弊

以其不知實際情形也　凡事實與有關之人共

議之不事与籍不謀合之人議之

國、家、諸侯國

諸侯國即國家國矣　代表全體即

無國矣

國家主權

十六世紀國權不許 其對教皇也 對侯也 自治城市也 地方職業組織也減自其權力 故推為國家之主權

何以須國家 因無論其為團體為個人必須合之 使之必有組織 有組織必且須制力 此主權之所

皆可無抑此權不容有二此主權之所以無上也他特權之上可曰特權國家不拙 此一元論者之說也

多元之論者曰人非趨於一途（國家不能單獨代表人事實上並獨特權）故自昔多種組織皆根（不外謀多方面之利）本也皆自然成立之非藉國家而後有也以為定特權權利皆取自政治特權保矣 凡特權初皆自由此無治制者亦不特國家然也

且人民之生化團體之無非國 故使他持體之事其
致之劃 今國家與它持體隔劃太甚亦不能之籌控
與團體之事 故當使各持體得自治權不受國
家限制 今國家與持體之關係固當改正也 於國家
非與個人發生關係
乃與持體發生關係
惟國家所以協和人與人持體與持體人與持體例
今主權國家力於主他種社會管理無影力
不能無戒於使他集團與國家同
權與日生活之一方面

辦法細綱之左

一據（A）成理（B）所信　之自由討論

專制　寡頭　民治

專制以一人　寡頭以少數有力者對於團體階級利益衝突　民治於團體階級皆占一代表如今不完全　真民治非特選舉權普遍而確認全人數平等也

量之以為多數治理非其實也

原國

現代國家爲社會演進中最近產物 然其性質則從第二組織業已具之

廣大田耕事 然在起源中合作最要

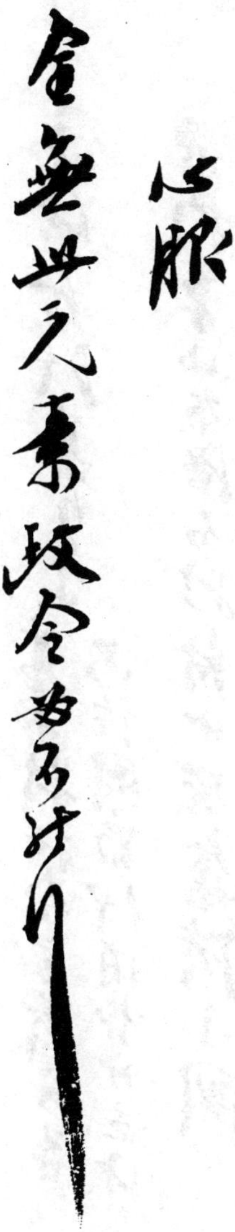

國家本以萃重之稱，今情形複雜，事務極難，非其所堪，故責之他種機關輔助之。國家之任不託其所為。基爾特社會主義者亦許國家代消費者立此。專門事業決不能付中央集權之國

政治與宗教劃之由

羅馬之論存於法律政治權存於民廣不

在民別

星一年　帝政民利用宗教以羣而神王有與

基督而神聖教不言自身神聖其王權上

出羅神　宗教之權

出羅王

職業代表制

中古城市會議基本特代表組之國家議會

亦依土地職業作國代表單位

人于工業外無他方面增其制無常事特任

國界之有定據

今之代無國界也

時國界應隨社會而變

康治民族均系至寶
法須治者共守

[redacted]

議會立法使有其名

英之法議案向常由國務員與其黨員商定之

因下院人數多無從決定也

美則由少數議員立委員會

故行政立法實合

本人政府　代理政府

本人政府謂由人民集合直通法律命令政規程　代理政府則總攬於一機關或數機關

民主　貴族君主

眾人政治意識皆薄弱是為民主

少數人意識較深刻則成貴族政體

權力集中於一人則成君政　前兩者則為民主

近世民主始於一七八九年革命

政制善惡

何謂善曰時是苟用之而功用及時無定論

是故政制善惡殆難言之

無所屬可以適用之政制而亦隨時而變

亦視其用與之時否

國家分類

多據政府方式　其實只是政府分類耳

國家主義

血統關係衰同鄉土同情成經國政治摶體宗教之異種族及社會地位之不齊無妨之否認階級鬥爭要求階級合作

自由時期（一）代人（二）國家權力

札文

西羅馬滅後封建

與古羅馬無涉者也羅馬教皇加法蘭克君帝號而已其意本求大一統然僅于統一意大利日耳曼故後五十年各國王皆自主官吏本貴族各有土地不成無讓　皇帝之統治權其名焉而已

歐洲中古除國王直轄之地外皆屬貴族國家統一其反動也

欧州今之國家實起十六世紀 乃地主資本家官僚相合 此乃一種強權國 生長於地擴及東方 希臘羅馬之文化均因此而都焉

此乃中古自由城市廢以始有

中古自由城市組織似國家 而藏半焉 有小政府焉 都市民會與貴有威者爭權

各地方之獨立小政權不爲教會之國家所干

（自治都市特殊裁判　與都市自治都市同盟以保裁判權　其他有議會選舉）　十二世紀小共產都市發展爲文化中心　手工業之同業組合　同業組合起於航海業之互助平時維持秩序選人才裁判　抵禦外敵　以漁獵、商業建築師皆放之　患難相助無貧富之差　同業組合生產消費皆公有爲　以都市聯盟防專制政治生中央集權國　與爲此等市民壟斷商利與新市民多也　但共產都市於後漸變遷矣

祀於至今並非聯合部落之助歷史上天然人事矣
實之多人數不減權與是邦
今之國乃貴族裁判軍人律師與地主資本家
官僚相聯保其階級利益者耳　不善如又沮人
鄉善自由安固為
蓋十六世紀於[illegible]新興之武人國家　都市自治裁
判廢　組合之財產共產部落之土地悉沒收

十五世紀末人德商同盟始分裂 德商同盟解
帶國際性質
一五三八法律始定人債銀者償還取重
十八世紀禁勞動團結 一八二五年法廢干涉之
勞動組合同盟凡五十萬人 一八三〇解散其會員取重
時有騷亂激成同盟罷工 後復有專家以合力破壞協
勞動組合然猶持續至近世益覺發達焉

單元與聯邦

單元　憲法的統治權專屬中央，地方之權由中央賦與，區域改定，不由憲法，所授地方之權，可以伸縮。地方者中央之分務機關也，所有者自治權也。

聯邦則有自主權者也。邦之存在，中央乃相約許之者，邦之自主範圍定之於聯邦憲法，故中央與邦同為一個之主權，政務或中樞最高權，或地方自有最高權。

聯邦政權分配

事關全國須一致者宜歸中央否則由地方

宜歸中央者如外交　國際交通　宣戰講和　幣

外國與本邦商貿易　幣制　專賣權著作權

殖民屬地

中央與地方共權者　如借債權　或重一方視

定原則　而在本邦執行

餘如書同文同度量衡等要求劃一之事

聯邦政權

中央政府分權與各邦或委託各邦代行

一定範圍內留于諸邦政

可經過各邦隊伍兼務

即代邦平內亂

聯邦之善

目今中國方面不能合　雖合之乃恐易因其爭

奪

蘇俄何以成聯邦

論其政治宗旨本不許分權迫於民族々異為不成聯邦耳

邦聯

有一共同中央機關（無）止於相衛相助而已　共合

如不由憲法而由條約　中央之權甚章　限於和戰及

防衛之類　範圍至子國間事　而不及徵稅

故分子國只若干主權仍只若干（各分子邦保留主權的）（自決定政府之形式）

會議無強制力（得拒絕）分子國非分子人民退知其議決案

政府無民

得自由退出　故隨時可解散　進則為聯邦　退則為自主國已

政治主權 立法主權

立法主權人民所以為政府也 政治主權存於人民全體最以之權力也

故國者民之所設以報以為輔其也 國家存於法律之上之說不能成立

國家不受普通法限制根本法不與焉

立法部與行政部關係

內閣對於立法部或其一院負責，閣揆對於選民

故追求行政責任與制最後的力　即大多

負責，元首不負責　閣員為立法部議員　數黨

緊急時只得倒閣

經不當列席討論　表示不信任或辭職或解

袖

散多負責下院而新選　新選後或捷　混合內閣

續要辭責

[redacted]

多數黨得力不足以組閣則已之移為協弱黨利益

可代表本

總統制

行政長官之任期無所增減　政策不對議會負責　僅對本責任　則只國務員只可視為總統之助力　國務員負私屬　黨派兩院中多數黨不得兼任議員　乃總統屬員　隨時可以罷免　故議會不能控制行政部

總統國務員不能提案　或列席議會　亦無權解散議院　總統議會或為兩黨所持　積不相能　此美制危制其特點在三權分立平

憲法

所以保秩序　定政府基本組織及其

權力　防少多數人暴力　與情感

之烏合

民主

有直接者國大而事複雜則不可行　代表制

之主要義一選舉時必須民主之選取以多數

二義以保護之之法　此制爲政者確受人民控制爲

自審明於使衆人智力

此制原理假定人民之治才皆不亞　以前種種

惟自衛乃可能　重在教民

其名副其實者在選舉範圍極爲廣闊實行自由

今除不識字刑事犯至少年選權

民主之契　社會民主抑僞民主相同
至當爲要啓
人民所信之重
壹擇非至於隨而真之全失矣
惆悵夫遺汁擇衍之構議扇動　辯苟至
重量不重質　民衆之意見每反科學　實際
多數不關心之事
恐以多數爭重少數故選難成

黨治

一黨即成國家　革命黨終將為反革命黨

黨治原理

人性無民治　百人集會必有一二人以私見私利
出而主持而眾從之　於此若誰至要任至要任則陰
謀爲兩敵焉

黨之禁

以國家爲自利之具由於黨更當使用不黨則爲派爲代表之機會公平

為方便監治
候選員指定由代表此類政府機關之最為
平議人民俱存而已
令　頒向
其設下議院乃為採納人民耳目　惟質
分區選舉一重地方與國家　地方要人為其選民功
全國共有之屬

市府之國　邦域之國

希臘羅馬以城市為國其外曰屬地　進與城市邑

於郡縣之中。其特變起於十五世紀。

封建時代之法律。不重工商。故城市爭自治。

國王貴族教會爭權。求城市之助。每畀以權。

助王以抑貴族。乃多為以後之巨城。

馬其頓始濫於城市爲國家。集家成此野蠻之族

爲一國。

國家始於個人多難。民不合討　持律而生　持律不討　使各自福

始如中國之封建立　亞歷山大死希臘起而抗之組聯盟　城市結合變爲民族結合矣

市民始無參政權　對政治之熱心減

人不甘團体。則人與人之結合生。人對同胞之惺惺相惜此。

團体不顧人。或且害人。則人人求自足。甘知其。安分。不爭

婚姻　反對則為隱。或自殺。摩擦之甚者不

家庭。

為業

國家觀由積極而消極　會然而人為　之從而法

律

歐洲本有一統思想

中古歐洲思想本為世界帝國十五世紀以

民族特性乃漸顯焉

即宗教改革與民族主義反抗帝國主義

時也

中古民族宗教政治生計無以基督教外相一十五世

紀後政治之力稍盛他皆從屬焉　歐人今日視國

家為神聖由此時也

說明本上一段思想

基督教則建精神之國于帝國之上使人之思想不

爲國家所拘「聽於人不如聽於神」其旨也

羅馬本以宗教征服野蠻民族中古野蠻民族

無領土亦無所謂國家其結合之中心則教會

制度耳

教務代特性而通性

主權與國際

國際大聯合終必至普及時則主權無存矣

此時之國際法生效此合意乃為最高之權

將限制至此則國內法律必不背國際法乃可

個人主義

吾輩對於個人只冀在國家內於發展其天性

以天性之發展無與人

交際為可乎之責

在昔世則少年滿即幸福　在今為社會成功之基

故曰與使人是人所是不如任人是其所是

今個人之權惟在團體內乃於發展

職業選舉

蘇維埃制 實由此推廣而成

希臘國家與社會溷爲一談

個人對國家之數之關係者

個人之所謂國家者代表之　其所求與所謂之

國家對個人遂與絕對威權

國家有其意與其人格　然非實際之「和」也　而只是

代表國家爲種性之表見　生絕對主權　即主權無限主

義者

國家為有所作為而無忌憚實際上害甚大
國家已太有所作為及小使用於小團體希臘時代之說
何是也
今國家內　勢力太多　法律太複雜　事太難不
但不能控制亦且不能了解　個人意見總不能全劃
鄙　萬事無可控制控制其素無當其生不則留其信
運命　知其知其某為無益且不敢動　斷而出之已死
之苦必要復生矣　今者自最能中而發展

今國家與人民相去太遠 惟納稅投票 爲陪審者
乃與國家 將其功付諸讓他組織 國家爲一副
政權若之更
善其事
可代之
國家當再變爲社會
二元國家包社會（古代則然）多元國家而於
群之一 中之最強相抗 即國與社會抗衡而已也
反之一元論主權最高 從使國家不受他力限
制益危險矣

狩獵之民無儲此農人財均無國家
貴族自由民生於游牧之族
獵人漁販遁入山
農夫安土爲服　始侵掠農即勝而奴隸家
庭　納貢　同居者生領土觀念　任保護之職
舊國而干涉其內部治權國矣　通婚同化
再擴張則成國際戰爭　此其戰爭與人民

無與民治若戰 防御之 戰則否

領土擴 守邊以權大 成封建

未開之地開之 奪自由民之地而貴族富

自由民至此徒政治上自由而已 經濟上有如佃

奴隸放且通商之故遂合為一

商工業起而都市興與政治結合 及貨幣 僱傭

官僚興封建亡

君主助資產階級參政 代議制起 資產階級為治者矣

階級變遷

古自由民與奴隸　貴族與佃奴　近世資本與工人

地廣人希不須資本孰肯佃人之田故貴族無全利人不勸

佃奴則佃人之田以養平日爲主緣而已　筭利久已生殖之力耕之

領主每增加其役日不足武力傳殺以奪其子遂成

封建

資本主義則自居住擇業自由徒買其勞力也

生利之力爲證

政治

政體變遷

凡政治初皆民主無獨裁者 社會平淡無甚事而人亦多自

握權者最普通爲長老議會 其後或少數人或一人

專制 爲長老富人與地位人合成一會者

政治

共主

中國合選大國

一強國征服他國　以不可再解組

政體

君權制限

違例為輿論所非甚者莫於廢立廢立之事不常見

若其廢之則古得之

何者之即以得廢之也

貴族一面近之或司戰事或司筆事一面遠之謂引為在於

其中之因而叛

國家

勝以之治內防革命 外御敵人

生利之法 有勞動 有奪取

國之為奪取合理矣

職業代表與地域代表並行

上院代表各業　下院爲各地域代表

國[redacted]界無理

今之國界非據種族非據生計非據知識並無理由　愛國者所以相治耳

據政治地方分界。發生衝突。無可調和。蓋生計知識等分。不至衝突矣。

今國界大體據種族土地。人實有重種族之心。

原子

自然世界無彼此也知其道於一原以為信也

天之指也此

自然世界內無重也然而對無外重於

是需持法而政治生焉

一享同之權力民而同以有日修且以而求其威

君之權但戴其人而已其為人不足以行其四界

遂而以得寧於人為所同以有善惡是非則戴其善者

爲政

法雖無明文制限亦嘗以輿論選舉

民意可自投票見之亦可自選舉

見之

倫理政治

柏拉圖亞斯合以市民之德為至要之則
个人之德為次
兩德殆分　柏氏但指至善亞氏重
重在實際且所論倫重於此

建國之原

一曰修時人倫親　二曰親共合以習治　三曰通工易事　四曰人性樂群　五曰知識技藝[illegible]

在庠中乃同月書

原及

聯家成村 家長之爲都長者之原也

希臘政治思想之興

希臘本諸多小城市散在半島及地中海沿岸各城政體不同且時變　皆自行討議求其最善之制、求其最善者相推國所重　蓋討實事、求其合適亞里斯多德為制

重國　重民

重民其國為人之工具　重國其民為國

之工具

羅馬之王

民之父也 國之長也 軍之將也 祭之主也

元老院

貴族中最有名譽財產之人

執政官代表君主 元老院代表貴族 平民議會代表民治 視其權力之盛衰而政體異焉

寡頭政治之興

寡頭政體者少數富人專權之謂也 希臘商業盛地即亦經商 商旅且能知他國事故能與民爭權 於是此制興焉

貧人 被征服人 殖民地移來之人 皆無參政權

國家之虛榮心

為帝國主義之一原

現代政治之特色
有二大特點　有國際主義　與社會主義
相互關也

今日政治學之弊

有種各異之實際問題　學者大偏重

歷史多者以本畢屬諸收來

革命

因今日所發生地方抵抗中央問題亦必經

所得解決

人治

相在國之意非則使償其為正則則持其成

例日　惟賢則多待知人之難而多數人之

而動矣國情如不齊共和然不能實無不

為一知如不能言宗以觀不盡述　黃族

基爾特理論

人不能代表人，而可代表其目的（功能 代表）

合同業則可代表人謀之目的

不以爲分子謀利益爲目的，以善其業爲目的

革命因以不可善

政策爭書以宗同志時運動比諸無出處

成功時改權于大指行不家勇生義無求

革命黨之廣基漸成日壯將不可料

民治主義

友黨某曰

人民之責任以尊民意若于天

不以為屬竊狗者

全體人民本無意〻見〻皆出領袖始有意本

與其獨然即民〻之〻而有所存

竊見第一來若總得歧黨于一

瑞法

美之成功則在原因於民治無法

現代情勢複雜對於人民所得因應周詳　領袖有

而初簡單者皆由全民政治可得而達　後複雜而生其力愈演進愈大

代議邪　今者要代表況以人衆更無

僅代表　代表多而利誘　今之輿論多為

報紙造成　蔽人不見真事實

其為害實最大

賛成廿日

民治爲一種理想、一種精神，不専指政治（此精神當自群體生活而組織基礎）

民衆與群衆不同（民衆譯Mass，群衆譯Crowd）群衆之

群衆乃今日情形所生）

民治政府之不善，他種政府亦多之（知政治家自利）

他種政治亦不善

民治固產生罪惡，亦可剗除罪惡

輿論之作用乃他種政治所無　輿論服人
為心服

今日大弊在大商人操縱政治此亦資社會為

之即以他政體亦無好人

平等可代以議會仍等

以臨時組織代政黨事畢即撤消如

是真民意為較易見政府之操縱性亦

自多人了

民治兼有倫理的根據友愛 種族民族之異自然泯焉 友愛則不平苟不足慮 且可陶冶人物

帝國主義主於侵略 民治主義主於自治

今帝國主義方行毋怪民治主義之不見容也

民治之普徧

惟英日為君主　仍特異而已

然舊民治限於政治故有勞工業民治

代焉

集産主義

主用實行方法　國家隨輿論，輿論由宣傳造成

由國家逐漸干涉經濟　其具體辦法為

保護勞働工資　防失業　民主時工業管理以相　國營人壽保險　補助生活　和平時撫恤

增賦稅，稅逐漸消滅資本家　國家財政將平和狀

重有者後）　用剩餘財富謀公益　如辦教育　防疫　研究　醫及學

重大事業公營　仍將資本、家財深高率累進稅

集權主義之國家
專制政體社會合群之民主國家兩者同宗
指揮運用
專賣限于財貨者于機也
集權主義比在中央政府對於地方直呈 以知
集權乃官僚
政治之長治

國家資本主義

生產手段收歸國有 以領導私人事業之安全

支配

規定價值之工作 剝奪羅之之利權 及財務權限 至無成如隸矣

一切專技之人 技術 統計 新聞記者 等等 技全

集成黨部 以一指揮行一計畫

一社會　團體　國家

社會人數在空地共同生活存生同言同俗

團體　團為共同目的組織

皆在于社會中 society

一社會可生多團體

國家目的多　以強制力　境內人皆強制視為

國民故舊之當社會

然社會之界與國界不合

内部生活當有社會

謂國體非範於國之社自相制之而已　他國體　國多多

全部同意國則否如　實際他國體目的與國反

此無全國福利者　國家常受其抵抗全力

昔國家抗日而加權大今已甚矣

世界合一

人不限于物則可實現矣

無政府

以Voluntary Association今譯爲代之譯言自願組之

學校教育會 言教育之設焉

農會 生產組合 農夫之爲

交通之勃發

自治團體日增 自治之力日大 今其勢則然

矣強權組織始爲贅疣矣

社會黨右翼則以國家政權而後從而推翻之

無政府共產黨則在國家之外組織自願事業於勞動者程度高

開闢革命以起而政府者焉

共產與無治

共產出於無治 無治亦通於共產 故私產必及于政治 政治者壓制之政治 實一種政治爲之種生計制度 其在與豐獻代議與資本則然一以無爲理聯合農工商等而無治成焉

呈政府主席函自牧仁

實同深自牧仁見

東方之社

中央政府以之共事而責 此耕則分而各耕之耕

納稅於其社也

隨其勳伐而留若干之社作陪臣 至於野耕

闕年爲者大都蓋以國家形成之初

社

共社會主義國家

（一家族之劃地　共社之取消法
法而國家權力之發達
又從此成國家）

共產

均敵

基於階無大人　全社會皆權之　其無權力戰

人權成為要觀者無關戰爭而知階級為治者

於有無分私有土地之　此所最有所分共為國

而租稅也　租即剝削剝削者夫即剝削剝之人者建之私有

財產不存在　故附於私有財產私有財產階級之權

任何　佛之勝婆羅門之勝佛者以無

帝國主義

商權制勝國競爭　在本國權為獨佔　時已為辛　故先成托

轉制國內之　于是之傾銷於外國

競爭者矣

商權以國為界　始出擴國界

以其高利投資於外國　但所稱受商權制限資本者

與其本國資本同獲利　是商權反為之助也

于是有投資及借債　為保資本而傾向於征服

而得於之間大作戰鬥之權
世界之市場幾盡被占　新出產　新市場出見亦隨之
被占為國資本所占
故金融資本掌原料產　商品消場　握資源原
之經濟政策已為帝國主義
故其戰非如衛之人能操人　金融資本者越趨而非伏
全世界皆屈伏於其資本主義世界

革命今昔之異

今軍事破壞力大損失重　實現革命

不可能

自由之弊

自由在政治上則良 在經濟上釀成悲慘

今五國人政治上分離經濟上互相賴已以合為經

濟的組織可代地域的組織樣體

黨文化宜且知字義亦不限國

治國者當去治生之累，則無私利之心者，必相任國所以主持公產之責也。然必禁侈靡，則雖不治生，無損於其富貴也。

兩晉時增加之田穀育蓄及
進步之原

歐洲革命　此時最大特徵為封建之土地社會

　商業之競爭

資產階級所有權勝於封建所有權

民族主義勝地方主義

自由競爭勝行會

嫡子繼承勝土地分割

土地所有者支配勝所有附於土地之奴

啓蒙勝迷信　家庭勝家族　工業勝鄉

資產階級勝中世紀特權

政治

民主

廣大警備以防奴僕實爲主人

十八世紀以爲一切痛苦生於某某世卿廢之則人

自社羣其所想像財和布星財之論見教育原理231頁

晚年知其謬見252頁然尚曰多數人之治安寬於少

數且能代之耶

英善理論抑令多人行之政權 多維持秩序

多非計安易而合理法律了

德謨克拉西者以多數擁護選為基層之政治其
義者大擴充　者之相愛代替仇且擴張舊
根柢未來最要　今若干[redacted]人存不能和親　之外人
先懷偏見　社會護此舊偏見　偏狹者見稱材
平時[redacted]見疑　其所黨以為道也　盜亦利其同類
今之分裂　族、國、家、社會、宗教、階級、之適合之
世界成見裂之　國之軍費以為自衛階級之

掌故以為古董　人宜其存由今之道無變今之俗
甘其[redacted]俗　與之安處
教育之旨　曰真知材科學世界之美而許
要知物而知彼　知己指揮者之年知以擁富理論
大社會之言論　知和平濟乎偷力

政治

民主政治之難

行黨結黨難測　村體自利　且官僚而專之矣

及其真是之非皆淆

社會之撲由于人不察之　積極者為國人所詬搶

等　教育原理　消極於中國人自掃門前雪

二六五月

政治

政治學初爲一切社會科學

謂政治學一詞有時用以指社會科學之全體，其初義確亦如

是。蓋希臘著作皆爲一切社會所共言之也。柏拉圖的一面社會

制度，將其國家中家庭亦被消滅，令共產主義之哲學似之社會科學

史綱四九 葉五二一 希臘爲城市國家，小而完整之社團，共各的分化之

將整社會政治方面之程度，世界所稱者僅有在小範圍內述著

義之社會統一　亞里斯多德以家庭爲基本，其進而爲部落

爲國家，無特質之根據，其發展一已得其完滿，則社會非神的即

禽獸也。故人爲政治動物謂之。捨此爲他種者只有一部分之帝國

家則存於善，故更需形成聯合，與柏拉圖同樣以政治倫理合一

政治学希腊罗马之

希腊之城市国家经多种政治方式使其当国家陷于有所运

辩

柏拉图共和国被认为乌托邦　广泽的先验的社会科学史纲册九叶至二三

亚里斯多德政治学上同为国家的科学知识之原泉当时所知世界中

五种制度实则网罗五十种宪法而得之结论

此书包含彼所手研究百

中古时代为亚里斯多德而学柏拉图影响及文艺复兴乃还于

亚里斯多德

斯多伊克哲学人类皆兄弟世界国家即一理性之理想国仁爱

两者平　主人类平等力攻击专制　主自然法之之包含

一切精神原則可以不藉理性發見之 其心目中無論個人
家庭與教會與法院與學校無定錄 同上葉五二六
羅馬一功在法律政府等之創造 羅馬帝令以羅馬為據於一切
東羅馬國一切考察使得同一性務 同上葉五二七 羅馬法學發展權
權法律東後之則為別點 羅馬之帝國觀念支配中古世紀
之政府榮念存著何關之義會中 亦可見羅馬之影響 科學因此靜而始盛
其政治學不穩 羅馬人乃作者之人 非羅馬之人科學所需
非一般乃哲學與宗教也

立憲政學說

立憲專制之爭。初以歷史及法律之成例為武器。至十七世紀中葉。而抽象之理論興。其上焉者。則據自然法及純粹理性而設政府。遂有作共產主義之夢者。次焉者。則注男子普選。宗教信仰自由。廢除貴族院而已。

霍布斯謂人類本相爭。故乃棄其自由。奉之元首。元首不與於契約。契約既成。則不可反。（社會科學史綱冊八葉五三八）陸克謂自然法本行乎人類。但無執行者。無以制少數惡人。國家則所以執行自然法者也。元首為契約之一造。違反契約。可廢。人民有最後主權。即此契約之成人民未嘗棄其自然權利也。（葉五）霍布斯陸克皆以政府祇一種範圍狹隘之保護機關。創制法律之職。限於生命自由財產之保護而已。

孟德斯鳩謂宜將風俗付諸宗教。使任何民族。在任何時代。具有一種特殊精神。法律為此精神之表見。即有實在權威。否則無令人服從之理由。各種不同力量。須求一均衡狀態。立法行政分立。相限制。相均衡。美國憲法。受此影響。則對抵抗近兩世紀來權力集中趨勢。同上冊八葉五〇二

盧梭謂有政府。種種措施日益完固。猶於郎等指頸之日。冊六葉三六九促進民治主義之政體。其功最大。在排斥私產一點上。亦為持財產即盜竊說之蒲魯東之先進。故從多[illegible]年為無政府主義之哲學

家焉○[redacted]其論民權○則人民不但擁有最的主權○抑且對僚有政○無論何時○可加限制○無論何種程度○可以罷免○今之創制複決罷免權之本也○

盧騷議論○皆許諸國情○若以觀察事實之為兩則其為政治學家○則盧騷非政治學家焉○然其理論對國革命之助力極大○

法國大革命之兩大思想潮流○一為原於孟德斯鳩○以猶拉派為主要領袖○一為盧騷學說○以西哀咸斯與羅伯斯庇尔為巨擘○大革命初期○猶拉派頗占優勢○彼以為法國原有憲法○祇須恢復○加以改良○改革時○當以英國憲法為借鏡○

其敵黨○則謂法國向無憲法○立憲之際○不必顧本國以往歷史○亦不必取法於英○彼

事並付問題之道。顯然為先驗的。彼等根據若干不言自明之政治原則，謂為可以引用邏輯與理性而建築一政府。此政府對於任何時期、任何民族，靡不適用。是故一方面以生長與進化為原則為主，另一方面則堅持政治為一種純粹科學。研究之問題。於以類似數學所用之方法解決之。此種不言自明之原理，已由盧騷提供。祇須以此原理為依據，建一政府。彼等深信彼國會議之權力，即係如此。　見其年立憲進行未久。西覺感到一盡即得就加法國大革命，遂具有激烈的理論的性質。社會科學史綱冊八頁五の六

基督教及其主政體論。始十六世紀末。主以法律為本。及萬不良主。其人信自然法。代專制。以對政府契約為國家基礎。同上頁至三三

權力不在民主一方。乃若干樞要所具

國際法之始。据古秀判云國與國如人與人，應受自然法之拘制，此國際法之始也（社會科學史綱　冊八葉三七）

國家非至高無上。國際法、國際組織、習慣俱在，於國際事國際新務與時俱增，國際聯盟之設立，使國家主權失其現實之根據。侵擾人民既受動人即不以為然，他國猶在本質上與國家並具其權利本於先國家而存之法律，亦國家所然與也[redacted]以法律為國家意思，然則國際法為國際之意志耶。

國際法之基，在於公理意律，而頗為國際意志所以難加之曰無為國所不理排拒

政治學之性質。不能以說明事爲滿足，承進爲須尋問原背後

同

今日政治學之任務。今日通行之政治學理論，大半係爲對於資阻撓吾人思想之陳腐學說，必須掃除。政治學之任務在破除衆人心中之陳腐理論。

舊稱指社團。社團成於契約。國家是非契約，所於時期（舊稱指社團爲公共之法律團體），村鎮城市是也，爲一級；爲地方者爲一級；爲國家爲公法團體。國家爲若干團體爲最高之目的而團結者也。（社會科學史綱冊八頁五三六）

人與社團皆有基本法律權利，非國家所得侵。

主權學說之發展〇一六六九康旦英國之學者權力須議會不切
國　廿八
王　十八世紀至康旦の千法民精神語在人民全民與選民
與以法律實之　英國之全但從最高法院皆係從法律所得
權力皆受限制絲指主權所在　若曰指稱個國家之、
非至高無上也且實則國難與事實不符　法律稱之語言文
字皆社會自然之產物也　皆源於國家之意志也　法律實質
偏之不正當評國家法律備此律之一種草本屬於他種此律　而於普
無實此律非命令乃執範也　國家不甘服於此律之上國家
無文限制
各義務也
國家最高〇視國家為最高乃の世紀以來事中古(一)教会(二)
帝國(三)自由城市(四)封建諸侯皆與國家抗衡爭人民之服從

安知其不見於將來歟　今也民族國家日趨沒落他種人類相結合將起而與國家並存也　十九世紀（嘉慶六年至光緒廿六）之初社會組織簡單而一種政府萬能主于地球上自人口集中城市工業勃興後地球遂出之立法機關及國會不復能為其代表勢力及新聞紙日長他種勢力實際操制民衆之命運安知將來不能以合法地位耶　人固以種族關係過於其以政治關係　民主政治雖將續必良政治的發而種族的乃可　權威不可　顯然而必去權威人之所謂國家也　政治學者每注意於國家之目的而存在　國家自問為是將甚久的種種不務國家執行較宜的種種稍非政治組織之所宜也

政治家之於革命○革命者抵壓制之力終無轉移種族此趨勢而乃時機降其障礙此則最高之政治手腕也

希臘公民因以材參與政治○以有權者不無生產相互需要日相遇於市廛劇院之中

柏拉圖政治循環論○吾所謂柏拉圖政治權力與知識程度合進化尚動力政術勃興再進化以財富為權操縱之家弱政治引起多民衆運動造成民主政治因鬥爭造成最高之專制政治

社會科學史綱 冊六頁三三三 此說吾於所著政治學中加以改正 同上三

方の

柏拉圖希望最高哲學家行國的專制○以在政治家中亦加修正

而理世界之全知之人目前問題是政府是否當受法律之約束

如受約束也則君主最良貴族政治次之民主最劣不受約

束則民主最優君主專制最劣

亞里斯多德論政體○平等與私有為民主平等權力專於極高階級

為乃民主貴族

歐洲法律之學○馬格維之實生之人類合科學與個四六葉三

五六葉三五九

照此以後專制政策而居奏已數種五曾暗以孫言相聯故孫論

專制之來。自古以來即有少數人以武力迫人臣服之歷否

非所問

不宜繁多、文字務求簡明」、交立法院重加修正、立法院奉令後、當經遵照中央決定原則、於是年十月二十五日院會三讀通過修正、都八章九節一百五十條、送呈國民政府轉送中央、

四屆六中全會 再行審查初稿

至二十四年十一月、四屆六中全會、復將立法院修正之憲法初稿加以審查、並爲如下之決定、「本會議認爲立法院最近修正之憲法草案、大體均屬妥善、惟爲適應國家現實情勢、及便於實施起見、尚應有充分期間、加詳盡之研討、但現距全國代表大會爲日無多、且代表大會會期甚短、恐亦無暇逐條詳商爲最後之決定、本此理由、應連同本憲法草案、遞請第五次全國代表大會、請將憲法草案及召集國民大會日期先行決定、並對於本草案加以大體審查、指示綱領、再授權於下屆中央執行委員會爲較長時間之精密討論後、提請國民大會議決頒布之」、

決定宣布日期 並組審議委會

五全大會當將憲法草案接受、並將宣佈憲法草案及召集國民大會日期、授權於第五屆中央執行委員會決定、惟須於二十五年以內施行、五屆一中全會乃遵照作下列決議、㈠中華民國二十五年五月五日宣布憲法草案、十一月十二日開國民大會、國民大會之選舉應於十月十日以前辦竣、㈡設憲法草案審議委員會、負責審議草案、及經大會認爲應予採納之提案、於兩個月內擬定修正案、呈由常會發交立法院、再爲條文之整理、㈢指定葉楚傖李文範等十九人爲審議委員會委員、中央憲法草案審議委員會開會多次、並分別徵詢各方意見、於上月十八日審議竣事、擬具審議報告、列舉修正要點二十三項、呈送常會核定、中常會於上月二十三日決議通過、發交立法院作條文之整理、

立院整理條文 終於完成公布

立法院於五月一日將修正條文整理竣事、提經院會三讀修正通過、凡八章一百四十八條、呈送國府於今(五)日正式宣布、回憶自憲法草案起草以至今日、歷時凡三年、開會不下百餘次、中央及立法院各方面、在歷次會議討論時、無不於法理事實反覆研討、不厭求詳、每會辯論、恒達數小時之久、而翻譯作爲參考之各國憲法、幾已搜羅靡遺、其謀國之忠、立法之嚴、吾人於憲法草案宣布之今日、不能不深致感佩焉、(四日中央社電)

國民大會組織法　國民大會代表選舉法　廿五·五·十四　立節

組織法草案原文

〔南京〕立法院三十日晨通過國民大會組織法原文如次、

▲第一條、國民大會制定憲法及行使憲法所賦予之職權、▲第二條、國民大會以國民大會代表組織之、國民大會代表選舉法另定之、▲第三條、中國國民黨中央執行委員中央監察委員、爲國民大會當然代表、▲第四條、左列人員得列席國民大會、一、中國國民黨候補中央執行委員、候補中央監察委員、二、國民政府主席、三、國民政府委員、四、國民政府各院部會之長官、五、國民大會主席團特許之人員、▲第五條、國民大會由國民政府定期召集之、▲第六條、國民大會開會地點在國民政府所在地、▲第七條、國民大會代表於舉行國民大會開會式時、應行宣誓、其誓詞如左、「某某某敬以至誠、代表中華民國人民、接受創立中華民國之孫先生之遺教、依法行使職權、並遵守國民大會之紀律、謹誓」、國民大會代表宜誓後、應於誓詞簽名、▲第八條、國民大會出席代表、互選三十一人組織主席團、掌理左列事項、一、關於議事規則之制定、及議事程序之整理進行事項、二、關於國民大會之行政事項、三、本法規定之其他事項、▲第九條、國民大會於每次開會時、由主席團推定一人爲主席、▲第十條、國民大會設代表資格審查委員會、提案審查委員會、必要時得設特種委員會、各委員會之組織、由主席團提請大會決定之、▲第十一條、國民大會會期、定爲十日至二十日、必要時得延長之、▲第十二條、國民大會非有代表過半數之出席、不得開議、其議決以出席代表過半數之同意爲之、憲法之通過、應有代表三分二以上之出席、並經出席代表三分二以上之同意爲之、▲第十三條、國民大會會議之表決方法、得由主席酌定以舉手·起立·或投票行之、前項表決可否同數時、取決於主席、▲第十四條、國民大會置秘書處及警衛處、其組織及處務規程、由國民大會主席團定之、▲第十五條、國民大會設秘書長一人、由國民大會主席團推定之、承主席團之命、處理全會事務、▲第十六條、國民大會代表、於會議時所爲之言論及表決、對外不負責任、▲第十七條、國民大會代表、在會期中、除現行犯外、非經國民大會之許可、不得逮捕或拘禁、▲第十八條、國民大會會議時、有違法或紊亂議場秩序者、主席得警告或制止之、並得禁止其發言、其情節重大者得付懲戒、▲第十九條、前條懲戒、由主席提交主席團指定國民大會代表、組織懲戒委員會、審查後、提出大會決定之、▲第二十條、本法施行日期、以命令定之、（三十日中央社電）

非常時期 監察權行使暫行辦法

國府廿七日修正公佈

▲重慶　國府廿七日令、茲修正非常時期監察權行使暫行辦法公布之、此令、第一條、監察院除依法行使監察權外、為適應非常時期需要、得依本辦法之規定行使之、第二條、監察委員或監察使對於公務員違法或失職行為、認為應速去職或為其他急速處分者、得以書面糾舉、呈經監察院院長審核後、送交各該主管長官或其上級長官、其違法行為涉及刑事或軍法者、得交各該管審判機關審理之、監察委員於分派執行職務之省市或監察使、於該管監察區內對委任職公務員為前項之糾舉、於呈送監察院院長時、並應以書面逕送各該主管長官或其上級長官、第三條、主管長官或其上級長官接受前條糾舉書面後、應即決定撤職或其他行政處分、其認為不應處分者、應聲復不應處分之理由、被糾舉之公務員、得向主管長官或其上級長官提出申辯之意見、第四條、主管長官或其上級長官不依前條第一項為行政處分而不聲復、或雖聲復而無理由時、監察院應即以該糾舉文件為彈劾案、移付懲戒機關、各該主管長官或其上級長官於被彈劾人受懲戒時、亦應負責前項彈劾案於移付前、得不經彈劾、第五條第六條之審查程序、第五條、各機關或公務員對於非常時期內應辦事項、有奉行不力或失當者、監察委員或監察使得以書面提出建議或意見、呈經監察院院長審核後、送交各該主管機關或其上級機關、主管機關或其上級機關接受前項建議或意見後、應即為適當之計畫與處置、第六條、監察院為依本辦法行使職務、得發特別調查證、隨時指派監察委員監察使或調查專員、持證視察各機關及公立團體、並調查其檔案冊籍及其他文件、各該機關團體不得拒絕、第七條本辦法自公布日施行、

每週論選

國民大會的議政會這一問題，是憲政初展中，被一般人討論着的問題。物價上升與通貨膨脹的關係，也是一般人心目中注意的問題。而妄人叛徒，揭着和平的幌子，葬送民族的命運也是急待嚴正指示的一個問題。這里對三個重大的問題，都分別有一篇嚴正的議論，特此選輯以供讀者的省察。——編者——

國民大會有設立議政會之必要歟？

自從六中全會決議定期召集國民大會制定憲法之後，憲法與憲政已成爲舉國上下共同注意研究的中心問題。此次國民參政會，對於憲法問題，曾經一度熱烈的爭辯，業將各項討論意見，一併送請政府參考。茲者國民大會召集之期轉瞬即屆，關係我國百年大計的憲法，行將由討論而進於實施。今後我國政治之能否納入常軌，即憲政之能否推行盡利，端視憲法所規定的事項，能否適合我國民族社會的需要，而在實際上發揮其政治上應有的效力以爲斷。一旦憲法頒佈，則政府與人民即應共同遵守，所以在憲政實施以前，我人對於憲法草案和各種的修正意見，亟應於此時詳爲檢討，庶期精益求精，將來能產生一部完美無缺的中華民國的良好憲法，以爲我四萬萬五千萬民衆建國大業的基本規範。

憲法草案於民國二十五年五月五日公佈以來，忽將四載。在憲草未公布前，尤其當中央與立法院討論憲草之際，雖曾經過全國各界輿論極度的注意，但在七七事變以後，因爲人人的目光都集中在抗戰一方面，所以幾年來幾乎很少有人再談憲法。實則建國與抗戰同等重要，抗戰可以保障建國事業的完成，建國亦可助成抗戰的勝利，憲法與憲政問題是並不應該忽視的，國民參政會的憲政期成會各會員，能於極短期間內集中心力研究憲草，提出一個五五憲草的修正草案，於此次國民參政會中反復討論，足徵參政會對於中央抗戰建國的基本國策有深切的認識，這是很可欣喜的現象。

不過憲政期成會所提修正草案，除增添中央與地方一章，提高省的地方性職權及將憲草第六章國民經濟第七章教育刪除外，於憲草第三章中復增設一國民議政會，由國民大會代表互選人數自一百五十人至二百人，每半年開會一次，在國民大會閉會期間代行創制複決罷免等各項政權，並議決戒嚴，大赦，宣戰，媾和，條約等種種案件及複決預算案決算案之權，這一點對於五五憲草是極重大的變動。國民議政會的設置，關於整個中央政府的組織形態與權力分配問題，不特與總理的權能分劃學理不相符合，亦且不能適應我國民族社會的客觀需要，我們實在應該詳慎地考查一下，希望各方賢達均能平心靜氣地加以切實的研究。

國民大會爲什麼要設立議政會？據期成會修正案說明書所載及主張者在會議中所發議論，大致不外三種理由：(一)國民大會應有一經常執行政權之常任機關；(二)議決預算，決算，宣戰，媾和，戒嚴，條約之權乃政權而非治權，應屬於國民大會，國民大會三年召集一次，不能常常開會，故應設議政會代表國民大會行使政權；(三)國民大會代表人數在二千以上，召集討論有種種不便，設置議政會實爲事實上所必需。期成會召集人張參政員君勱，並且說明修正草案是根據權能分劃的原則而擬訂的。

我們知道權能分劃的學理是總理對於政治學上極大的發明，實爲民權主義精華之所萃。簡單地講，所謂權即政權乃是人民統制政府的力量，而所謂能即治權實爲政府治權人民或爲人民治事的力量。政權爲人民權或直接民權，共內容共有四種：即選舉權，罷免權，創制權，複决權．應由人民直接行使之。治權爲政府權，應依五權憲法原則，由立法，行政，司法，考試，監察五種治權機關分別行使之，這是權能分劃原則的大概。

國民大會應否設置常任的議政會以代行政權，我們認爲必須注意到下列三項原則。國民大會爲純然的政權機關，這是無容懷疑的，政權機關所行使的應限於選舉，罷免，創制，複決，四種政權，這按諸 總理遺教也是很顯然的。治權的行使是需要有常任的繼續不斷的執行職務的政府機關，這是我們大家知道的，但是政權的行使則在性質上並無必須有一經常執行事務的常任機關。姑不論罷免權的行使不是經常時時發生的，便是法律案的創制與複決，也不是人民天天應做的事；就是選舉權，也往往可以選出候補當選人來隨時補充的；換句話說：治權機關應該是經常的；繼續不斷地執行職務。政權的行使却並不是定須有同樣的經常的。繼續不斷的執行事務機關的設置，此其一。

再者，政權原是人民統制政府的力量，如果有能的政府，能夠盡量發揮專門技術化的專家政治的長處，以五院分職分工，各盡其憲法上應盡的義務，那末除了選舉權外，罷免，創制，複决等權的行使原不在冀其次數之多，而其國始治。治國之主要工具，還是要靠有良好的政府機器。 總理云：「在一國之內，最怕的是有了一個萬能政府，人民不能管理。最希望的是要一個萬能政府，爲人民使用，以謀人民的幸福。」爲人民謀幸福的萬能政府，不應該時時拿政權去壓迫他束縛他的，此其二。

復次，五五憲草規定國民大會每三年召集一次，固然時間太長，人民不易行使其直接民權，但這只能說應該酌量縮短期限，多召集若干次會議，並不能認爲有必須設置一百五十人每半年開一次會的國民議政會的必要。至於預算，決算，宣戰，媾和等等案件，就學理言，實爲法律案之一種不同的形態，其本身原屬治權之運用。因爲都是法律案，所以屬爲治權，國民大會當然保有創制及複決之權，期成會草案以此等案件關係重大。認爲應絕對屬於國民大會政權之範圍，因而特設議政會專司其事，未免誤解 總理權能分立的精意。再 總理最反對的是間接民權的代議政治，國民大會代表人數在二千以上，因爲召集討論有種種不便，因而主張於國民大會外復設立一個代議機關式的議政會，以行使間接又間接的民權，不惜犧牲主義來遷就事實，這是不可以的。況且在事實上只要限於重大事件始行召集臨時會，其他一切非緊急事件，則統由經常召集之國民大會處理，於法理事實，均可兼顧，此其三。

政權與治權的分劃與活用，這在 總理遺教中如民權主義及五權憲法等演講內說得很明白，決不容任何人的曲解或誤解。在行使治權的政府，應該尊重人民的政權，以百姓之心爲心，反之，在行使政權的人民，既已鄭重的行使了選舉權組織政府，便該信任政府行使治權，除有特殊情形不得不運用創制，複決，及罷免等權外，決不應於政府之外，添設一個太上政府，以掣政府之肘。並且，以二千餘人國民代表選舉所組織的政府最高長官，乃得以一百五十餘人的不信任而去職，於理亦不可通。實則國民大會代表中的賢能之士，可以負行使治權之責的，儘可由大會選其充任政府要職，以行使治權，何必退爲議政員，專以牽制治權的充分行使爲能事。我人應知四種政權與五種治權的平衡發展，是 總理民權主義的最高理想。犧牲政權，遷就治權，固然不好；可是過度抬高政權，尤其是抬高代議政治式的間接民權以侵奪治權，阻礙治權，也是要不得的。按法制原爲人類社會生活的規範，我人立法議憲，絕不應忘却民族生存和社會生活的需要。依目前抗戰時期的情勢論，或就將來抗戰勝利後的建國大業計，總理所昭示的萬能政府的樹立，實爲我國民族生存和社會生活所最迫切需要的。我人怎能違反民族社會的需要，在憲法上定下一個無能的政府？

考立法院憲草初稿及再稿，於國民大會外，均有國民委員會的設置，其性質頗有類於國民議政會，經詳愼討論結果，旋卽刪除。國民大會畢竟應否設置議政會，我們依據總理遺教及觀察我國民族社會的客觀需要，認爲大有從長考量的餘地。（桂林掃蕩報四月十三日社論）

▲快訊社重慶十九日電　中國國民黨六中全會、已於今日宣告閉幕、聞大會決議、於明年十一月十二日、孫中山先生誕辰、召開國民大會、製定憲法、成立立憲政府、出席國民大會之代表推選工作、將於最近期內在各省市分別進行、包括東北四省及日軍佔領區內之特別市、如北平•天津•上海•漢口•廣州等地、外蒙古、新疆及國外華僑、亦均將推選代表出席、

廿八年十月

▲美國合衆社重慶十九日電　據今日此間可靠方面消息、國民黨之六中全會、已決定於一九四〇年十一月十二日召開國民大會、頒佈憲法、成立立憲政府、以代目前之一黨政府、（按十一月十二日爲中華民國國父孫中山博士之誕辰）、國民大會代表、將由各省市選出者構成之、東北四省、以及已淪陷之各省、外蒙、內蒙、新疆、西藏、至於業已淪陷之特別市、如北平、上海、天津、南京廣州、漢口、海外各國之華僑、皆得推選代表、淪陷區之代表推選法、仍依一九三七年所公布之選舉法辦理、人數四百名、六中全會閉會後、即將進行推選、國民大會、依照孫中山先生之建國大綱、爲中華民國之最高機力機關、其權力之大、有類英美之國會、又據可靠方面消息、在一九三七年時選出之代表、重慶方面已爲成立國民大會代表辦公處一處、以供各代表各換意見、研究未來之憲法之用、聞國民大會召開日期決定之後、黨派間之磨擦、當可大爲減少矣

中國國民政府原定於今年十一月十二日舉行召開國民大會，但是最近爲了事實所限，如選舉事務的不能如期辦竣，遊擊區省市的未及具報，中央當局不得不決定展延召集日期，大多數的中國人民必能體諒中央的苦心。我們特選九月三十日「國民日報」的一篇評論，以供關切國大延期的讀者，作爲參閱。

國大延期的補救

29/10/14

最近中央第一五七次常會，對於國民大會及國民參政會，曾作重要的決議，一爲另行決定國民大會的召集日期，二爲擴大國民參政會的組織，雖決議文備極明顯，毫無疑義，原無待筆者的引伸，特以海內外同胞，對此異常關切，故復聊抒其一得之愚，以備參攷。

第一：原定於本年十一月十二日召集的國民大會，其所以不得不另行決定日期，是因爲選舉事務所對於一部分尚未辦竣及尚未報告到所的選舉，必須繼續調查，並設法完成各項法定手續，但在爭取最後勝利的戰事日趨激烈之今日，進行這種調查和完成各種法定手續的工作，其困難實有出人意外者。因此原定調查及完成各種手續的期間，勢非予以延長不可。調查及完成各種手續日期，既須延長，則國民大會召集的日期也不能不另行決定。中央之所以一面允許延展辦理選舉事務之期，特設國民大會籌備事務所，積極辦理未完成的選舉事務，一面決定暫延國民大會召集的日期，就是因爲這緣故。至於選舉事務之所以不能如期結束，最大原因之一，是戰時的交通問題。戰時所有交通線路以及車輛，必須儘先供軍事運輸之用，這是絕無疑義的，加以大後方交通線路本未盡開闢，車輛船舶，有時也有不敷調遣的情形，故選舉事務所雖欲尅期辦竣應辦之事，亦決非事勢之所許，這是選舉事務不能如期結束的一因。選舉事務所已了，而未具報的省市，至少有一半已劃爲游擊區，前此待報未報的名冊，未必沒有已爲灰燼的，若在平時，猶可設法徵詢補造，以謀補救，今則前方軍事急如星火，又安能立即徵詢補造，以應急需？這是選舉事務不能如期結束的第二原因。此外選舉尚未竣事各種手續之完成，猶有所待的省市，此際將如何完成各種手續，也是不很易解決的問題，故縱令交通上的困難能夠解決，也非寬以時日，不能辦理完竣，何況交通上的困難問題一時也不易解決呢？由此可知，中央這一次的決定另擇國民大會召集日期，是爲事實所限的不得已之舉，此外則絕無其他的意味。

第二：國民大會既爲事實所限，不得不展緩其召集之期，則在國民大會召集之前

，自不能不謀補救的方法，中央之所以決定改進參政員的產生方法，增加參政員的名額，擴大國民參政會及駐會委員的職權，並將議長制改爲主席團制，希望今後的參政會對於全國上下的團結及抗建工作的推進，能有更多的貢獻，這就是欲使參政會在國民大會召集之前，能成爲實際的國民大會的緣故。此外，參政院名額，原爲二百人，目前僅餘一百八十名，今中央改爲二百二十人，其所增加的名額，實達四十名。且其產生方法，從前以指名爲原則，今則以選舉爲原則，已設臨時參議會的省市，由參議會選舉，未設參議會的省市，則由省市政府和黨部加倍提出候選人，送經國防最高委員會，彙提中央執委會決定，這也可以說是有了顯著的進步。至於名額分配，和以前也有不同之點，以前對曾在各重要文化團體或經濟團體服務的人不甚注意，現在則特加注意，把這一類的名額擴充到一百八十名；這就更是劃期的進步。我們相信，在這修正組織條例實行以後的參政會，必能以嶄新的姿態出現於國都，蔚爲未來國民大會的榘範。

總之：中央雖爲事實所限，不能不延國民大會召集之期，然仍儘可能範圍之內，力謀鞏固參政會的陣容，求其能在戰時代表民意，而推進抗建的工作，好在國大不得不延期召集的事實，既朗如列星，而擴充參政員名額及擴大參政會職權的用意，也瞭如指掌，中央處置這件事的苦心，其必能爲國人所共諒，也就無待於煩言了。

⊙重慶　國府二十二日令、茲制定國民大會籌備委員會組織條例公布之、此令、國民大會籌備委員會組織條例、第一條、國民政府爲籌備國民大會開會事宜、特設國民大會籌備委員會、(以下簡稱本會)、第二條、本會之職掌如左、㈠關於國民大會會場及一切辦公房屋宿舍之建築佈置事宜、㈡關於國民大會開會及議事之籌備事宜、㈢關於國民大會代表之招待交際籌備事宜、㈣關於國民大會警衛籌備事宜、第三條、本會設委員七人至九人、由國民政府特派之、並就中指定主任委員、副主任委員各一人、總理本會一切事務、第四條、本會設秘書長一人、承主任委員副主任委員之命、辦理本會一切事務、由國民政府特派之、第五條、本會設秘書四人至六人、其中兩人簡派、餘薦派、承秘書長之命、辦理機要文件、第六條、本會設秘書・招待・警衛・三處、各處設處長一人、簡派、設幹事助理幹事事務員各若干人、分科辦事、其組織規程另訂之、第七條、本會得酌設雇員、第八條、本會會議規程另定之、第九條、本會於任務終了時結束之、第十條、本條例於公佈之日施行、(二十二日電)

廿九年十月

國府公布
省臨時參議會 市臨時參議會 組織條例

▲重慶二十六日電　國府二十六日令、茲制定省臨時參議會組織條例市臨時參議會組織條例公布之、此令、省臨時參議會組織條例、第一條、國民政府在抗戰期間、為集思廣益、促進省市興革起見、特設省臨時參議會、第二條、中華民國之男子或女子年滿廿五歲、曾受中等學校教育、(或同等教育)具有左列資格之一者、得為省臨時參議會參議員、(甲)具有各該省之籍貫、并曾在各該省所屬之縣市公路機關或團體服務二年以上著有信望者、(乙)曾在各該省重要文化團體或經濟團體服務二年以上著有信望者、第三條、省臨時參議會參議員、依照本條例附表所定、各該省名額由各該省省區內文化團體或經濟團體人員中具有第二條乙款資格者提出作為候選人、(即該省規定名額十分之四之倍數)、前二項候選人名單彙齊後、由省政府呈送行政院轉呈國防最高會議決定之、第五條、國防最高會議選定省臨時參議會參議員時、得於各該省所呈送參議員 候選人 名單以外、另選若干參議員、但此項被選定人員、仍須具有第二條所列參議員資格、且其名額不超過各該省參議員總額十分之二、第六條、在抗戰期間、省政府重要之施政方針、於實施前應提交 省臨時參議 會決議、但在省臨時參議會休會期內、遇有特殊緊急情形、須為緊急處置時、應呈行政院核准、並應於省

之權、第十一條、省臨時參議會參議員任期一年、有必要時得由省政府呈准行政院延長一年、第十二條、省臨時參議會每六個月開會一次、每次會期為兩星期、省政府認為有必要時、得延長其會期或召開臨時會、第十三條、省臨時參議會集會時、有參議員總額過半數之出席 始得開議、有列席者過半數之贊同、始得決議、第十四條、省臨時參議會休會期間、設置省臨時 參議會 駐會委員會、由參議員互選五人至九人組織之、其任務以聽取省政府各種報告及省臨時參議會決議案之實施經過為限、省臨時參議會議員總額不滿二十名者、駐會委員名額 不得超過五人、第十五條、省政府主席秘書長各廳長及 省政府委員得出席於省臨時參議會、但不參加其表決、第十六條、現任官吏不得為省臨時參議會參議員、辦理地方自治人員及學校人員不在此限、第十七條、省臨時參議會置議長及副議長各一人、由行政院就各該省參議員中遴選、提請國防最高會議決定之、第十八條、省臨時參議會開會時、以議長為主席、議長因故缺席時、由副議長代理之、第十九條、省臨時參議會參議員為無給職、但開會時應給旅費、第二十條、省臨時參議會置秘書處、承議長之命、辦理參議會一切事務、秘書處設置秘書長一人、由國民政府簡派之、置秘書一人至二人、由議長派充之、第廿一條、省臨時參議會議事規則及省臨時參議會秘書處

屬縣市住民中遴選十分之六、(每一縣或市所募此項參議員至多不得過一人、但所屬之縣數少於二十縣者、不在此限制)、由會在各該省重要文化團體或經濟團體服務人員中遴選十分之四、第四條、省臨時參議會參議員之由各該省屬縣市住民中遴選者、其候選人由各該省屬每一縣市政府於徵詢該縣市黨部及地方團體意見後、各就該縣市住民中具有第二條甲款資格者提出候選人二人於省政府省臨時參議會、參議員之由該省文化團體經濟團體人員中遴選者、其候選人由各該省政府及省黨部聯席會議、就各該

臨時參議會次期集會時報告於省臨時參議會、第七條、省臨時參議會並於省政興革得提出建議案於省政府、第八條、省政府對於省臨時參議會依第六條第七條所通過之議案、如不能執行時、至遲應於省臨時參議會次期集會時提交覆議、如經法定出席參議員三分之二贊同原案、或對原案予以修正時省政府對於臨時參議會覆議時之決議、除呈經行政院核准免予執行者外、應予執行、第九條、省臨時參議會有聽取省政府施政報告之權、第十條、省臨時參議會參議員於開會時、有依議事規則向省政府提出詢問

組織規則、由國民政府另定之、第廿二條、本條例於各省施行日期由國民政府以命令頒布之、

附表 各省臨時參議會參議員名額表、江蘇•湖南•四川•河北•山東•(其中威海衛行政區應出參議員一名)河南•廣東、以上各五十名、安徽•湖北、以上各四十五名、浙江•江西、以上各四十名、山西•福建•廣西•雲南、以上各卅五名、陝西•貴州、以上各三十名、甘肅•遼寧•吉林•新疆、以上各廿五名、察哈爾•綏遠•西康•青海•寧夏•黑龍江•熱河、以上各廿名、(市臨參會條例明日續刊)

市臨時參議會組織條例

▲重慶　市臨時參議會組織條例、國民政府於抗戰期間為集思廣益、促進市政興革起見、特設市臨時參議會、第一條、本條例所稱之市為行政院直轄各市、第二條、中華民國之男子或女子、年滿卅五歲曾受中等學校教育或同等教育、暨有左列資格之一者、得為市臨時參議會參議員、(甲)具有各該轄市之籍貫、並曾在各該市之公共機關或團體服務二年以上、著有信望者、(乙)曾在各該市重要文化團體或經濟團體服務二年以上著有信望者、第三條、市臨時參議會參議員定額為二十五名、由各該市政府及市黨部聯席會議、在各該市住民中或各該市教育團體或經濟團體人員具有第二條甲款或乙款之資格者、提出加倍候選人、前項候選人名單、由市政府呈送行政院、轉呈國防最高會議決定之、第四條、國防最高會議、選定市臨時參議會參議員時、得由各該市所呈送參議員候選人名單以外、選定若干參議員、但此項被選定人員、仍須具有第二條所列參議員資格、且其名額、不超過各該市參議員總額十分之一、第五條、在抗戰期間、市政府之重要施政方針、於實施前應提交市臨時參議會決議、在市臨時參議會休會期內遇有特殊緊急情形須為緊急處置時、應呈行政院核准、並應於市臨時參議會次期集會時報告於臨時參議會、第六條、市臨時參議會對於市政興革、得提出建議案於市政府、第七條、市政府對於市臨時參議會依第五條第六條所通過之議案、如認為不能執行時、至遲應於市臨時參議會次期集會時提交覆議、覆議時如經法定出席參議員三分之二贊同原案、或對原案予以修正時、市政府對於市臨時參議會覆議時之決議、除呈經行政院核准免於執行者外、應予執行、第八條、市臨時參議會有聽取市政府施政報告之權、第九條、市臨時參議會參議員於開會時、有依議事規則向市政府提出詢問之權、第十條、市臨時參議會參議員任期一年、有必要時得由市政府呈准行政院延長一年、第十一條、市臨時參議會每六個月開會一次、每次會期定期為兩星期、市政府認為有必要時、得延長其會期或召開臨時會、第十二條、市臨時參議會集會時、有參議員總額過半數之出席始得開議、有出席者過半數之贊同始得決議、第十三條、市臨時參議會休會期間、設置市臨時參議會駐會委員會、由參議員互選五人組織之、其任務以聽取市政府各種報告及決議案之實施經過、第十四條、市政府市長秘書長及局長得出席於市臨時參議會、但不參加其表決、第十五條、現任官吏不得為市臨時參議會參議員、但辦理地方自治人員及學校人員不在此限、第十六條、市臨時參議會置議長副議長各一人、由行政院就各該市參議員中遴選、提請國防最高會議決定之、市臨時參議會開會時、以議長為主席、議長缺席時、由副議長代理之、第十七條、市臨時參議會參議員為無給職、但開會時、應給旅費、第十八條、市臨時參議會置秘書處、承議長之命、辦理參議會一切事務、秘書處置秘書長一人、由國民政府簡派之、置秘書一人至二人、由議長派充之、第十九條、市臨時參議會議事規則及市臨時參議會秘書處組織規則、由國民政府另定之、第二十條、本條例於各市施行日期、由國民政府以命令定之、

【重慶】省市臨時參議會兩組織條例、早經國府公佈、現復規定該兩條例於本年十一月一日起施行、又聞各省臨時參議會已由行政院決議、限於明年一月一日成立、其有特殊情形不能依本條例成立者、得呈院核定、(卅一日電)

廿七年
原定廿八年一月
一日內成有臨時

參議會每會預定者因籌備不易變
通困難量請展預予另二

歐戰叢談（三）（四）

戰時德國的內幕

本文作者威廉希羅，於一九二五年由美赴歐，擔任支加哥講壇報及萬國通訊社訪員，歷在歐洲各地及亞洲前綫採訪新聞，一九三七年轉入哥倫比亞無綫廣播公司駐歐辦事處，任新聞報告員。歐戰爆發，他留居柏林，不斷以德國方面的消息，廣播於美洲，一九四〇年冬返美，應「生活」雜誌之請，草成此篇。德國戰時種種情況，經他曲曲道來，備覺親切有味，爰為迻譯如左。

就德國人而論，一九四〇年冬季，實為德軍企圖征服歐洲的第八個作戰年頭了。一九三三年希特勒執政之後，這次歐戰早就開始，及至一九三九年九月，乃發展到最頂點的「全面戰爭」。在國社黨統治之下，德國人從來不知道什麼叫做「全面和平」。世界上再沒有第二個國家能像德國那樣輕而易舉地，把和平之時，一變而為作戰時期。如果德國人的態度在今天還能像從前一般，這就不得不歸功於八年以來他們以低微的工資，做着長時間的苦工，而且還要「縮緊褲帶」的效果了。

一九三九年六月法國戰敗之時，住在柏林的各國人，都以為這一下子德國各地人民，總要來個情自不禁的狂歡了。可是除了希特勒下令全國昇旗，教堂鳴鐘，以及在他凱旋柏林之頃，市民們給予他一個之前有的盛大歡迎之外，不屬於國社黨的德國人，對於此舉發生熱烈情緒的却佔極少數。

德國攻陷巴黎之日，我正在柏林的海倫西渚邊。那里大約有千把個德國人，多數正在晒太陽。我羼雜在人叢之間，所聽到的談話中，從未聞有人提到巴黎兩字，德國電台雖已於下午二點鐘的新聞廣播中，報告了巴黎淪陷的消息，這真使我不勝驚異。大約在下午三時左右，幾個很興奮的報販奔向渚邊而來，口中大喊，號外！號外！巴黎陷落！得勝的德軍已開入巴黎！可是他們在這樣一個歷史上的時會中，所售去的報紙只有寥寥數份而已。

祇有英機空襲德境之舉，纔使大家感覺到，一九三三年至一九三九年間，半戰爭半和平的黯澹時期，與真正戰時的不同所在。柏林對於空襲戒備極嚴，最近英機空襲柏林平均每星期雖只有兩次，他們對於警戒還是始終不懈。

我所寄寓的阿特隆旅館，其中沒有一個客人能向館方非難說，英機來襲之時，所獲的警報還是不够。每當英機尚在途中之時，開頭便是全城警報大鳴。其次電話局中的女接綫員拚命搖着你的電話鈴，直至你去接應方歇。最後，一個健碩的侍應生，站在你房間的門前，用足生平氣力，狂敲銅盤。經過這幾層警告之後，你當然會跑到旅館底層防空室中去躲避了，但是此舉並非強制執行的，住在旅館裏的美國人——總數約十二人——幾乎全部願意滯留在床舖上，和死神去尋開心呢。自從戈林頒佈命令，凡是逢到空襲發生時，惟有躲避在防空地室中受傷甚至殞命的人，纔能得到國家的撫邺，有些人因此一遇到空襲警報，便拚命的先向底層鑽去。

當我在一九四〇年十二月二十三日離開柏林時，阿特隆旅館尚未遭受轟炸，惟有住在這家旅館的人，碰到空襲，往地室躲避與否，悉聽客便。柏林其餘的四百五十萬居民，當市內有空襲警報時，務須聽從一位新式獨裁者的指揮。這位獨裁者在美國報紙上尚未露過頭角。他既非希特勒，又不是希墨萊。就實際上說，他的名字乃是屬於多數的。他的大名即係住宅司閽人，自空襲警報發生時起，以至警報解除為止，在這個過程中，凡是滯留在他所管的房子中的人，不論貧富貴賤，一律要受他一個人的節制。通常這住宅司閽人獨裁制的有效時間，始自下午九時，至翌晨五時告終。柏林許多地室之中，都認他為世界上最可惡的人，因為那些管門人，

本文作者威廉希羅

從多數而論，「一朝一權」在手，那里肯不把「令」來行呢。

柏林初遭空襲時，許多司閽人以為在地窖中，倘然你和別人談話，甚至不過是耳語而已，你所消耗的空氣就要比你所應得的為多。（這層連科學家都弄不明白，他們為什麼會這樣想）。因之他們在地室之中，禁止人家一切談話。枯坐在塞滿了人，陰暗濕冷的地室裏，接連七八小時之久，除了呼吸之外，大家不能開口，像這樣的活受罪，柏林人雖以馴良著稱，至此亦忍無可忍了。戈林獲悉老百姓的非難後，便下令撤銷此項禁止，准許大家在地室中談話。但在所有良好司閽人管理之下，防空室中吸烟一事，仍在禁止之例。除非碰到那些眼開眼閉的司閽人，他會准許你爬上一層樓去，趕快的抽幾口烟。

門丁在法律上有權使你過

柏林著名阿特隆旅館

着不舒服的生活，因之柏林多數的人誰不想在他們之前賠上個小心，以免晦氣來臨。譬如說，他們有權指定那幾個人在警報解除之後，應該留在地室中，把裏面打掃清楚，或使空氣流通。在淸早四時光景，做這樣的工作倒是不好玩的，但是銀行大班們，如果在空襲期間對司閽人們禮貌不週，至此就逃不掉要當當這種苦工的滋味哩。

有些人因為對司閽人出言不遜，也嘗到了他們報復的方法，就是在飛機轟炸之中，奉命跑上屋頂，或趕往街心去，做一種工作。穆勒在商界中雖不愧為一個巨頭，但當高射砲齊鳴，流彈如雨下，司閽人會命他昇至屋頂撲滅一個燃燒彈，他白晝所擁的名器高位，並不能保護他避免這種差使。

卅·9·二·中

（六）談叢戰區

自巴黎到波爾多

下面是美國「生活」圖畫週報訪員的報告：

法國不是在四十三天以內被征服，而是在四十三天以內崩潰。法國人自己打敗自己，這點他們自己也明白。

法國所遭遇的，正是十年以來法國社會政治歷史的應有結果。如果說恍惚迷離的新聞少一點，世人對於這次可驚的事件，或許早有準備，不致如聞晴天霹靂。所以在這方面，多少有些內奸裏應外合的意味在內。

法國人民，大體上都是善良份子，不過也許太文明了些，太注意飲食太健談了些，竟忘記了怎樣去工作。化上兩個鐘頭進一午餐仍為政府的慣例，一直到悲慘的結局到來，還是如此。正如一位老太太所說：「我們對於這可怕的事件，都負有責任。法國需要一個教訓，但這次教訓，却是最殘酷不過了。」法國人現在受罰的最重要的罪惡，是他們長期容忍愚蠢，腐敗昏聵無望的官僚把持政局。

法國最後的崩潰開始於六月九日政府退出巴黎之時。道德上，經濟上，與軍事上解體之迅速及範圍之廣泛，極為可驚。差不多有兩星期，我們不聽到再有人提起德軍。所能聽見的，只是許多悲天尤人的指斥，說明失敗誰應尸其咎。軍隊對於人民，政府，官吏，都覺討厭。人民對於軍隊，政府官吏也覺同樣討厭。政府與官吏顯然只顧自己，只想逃生的方法。每一個都意懶心灰，憤怒若狂，預料形勢日趨險惡。

各方報告都承認法國隨軍將校，有負於他們的士兵，也有負他們的國家。我們曾見到無數將校雜於難民之間，撤退他們的妻子與家屬。我們從都爾起，沿路也見到難民中混有敗兵，士兵帶着家族，軍用車上載着平民。

我們極清楚的印象，就是巴黎陷落後，不會有一激戰。我們實際上已看不到傷兵，這顯然說明德國進展很速。以參戰的軍隊人數為比例，死傷的數目少到駭人聽聞。轟炸固是一種可怕的手段，但比之上次大戰的不斷猛烈砲擊，充其量也不過兒童的遊戲而已。在難民逃亡的路上，並無機關槍的掃射，只有幾次軍事目標被轟炸。除開法國北部軍用路上，有若干難民被殺外，並不聽到什麼德軍可怖的消息。

法軍所到，背城借一，然後作戰，不過是一種神話。法國大部分軍隊卻曾堅苦作戰，幾千個法國將校也是忠勇可嘉。但法國陸軍號稱世界最良的軍隊之說，業已成為一種幻想了。個人的懈怠，並不如一般所說，是民主政治的表現，正是散漫無準備的表現。軍隊無準備，軍火無準備，當局更無準備。前綫的士氣，確屬激昂，但大兵團一旦開始崩潰，就一發不可收拾了。

記者不相信色當區高拉普所率第九軍的全軍覆沒，是一種例外。五個月前，第九軍軍官已講起軍紀困難問題了。該軍潰散後，各將校即紛紛返家撤退家族，士兵則徒步奔逃。後來在巴黎咖啡館內找着的有六百名士兵。據未證實消息，這些士兵中，六個中間，即有一個被槍決，並有好多軍官同時槍決。又據最後消息，高拉普現已返巴黎寫他的回憶錄，他及類似他這樣軍官的撤退，據人推測，是乘了運糧汽車逃走的。

法國人民悲慘情形

民心的渙散首先出現於法國北部，北部若干工業區中，工人天明醒來，發覺民政長官，工廠經理，及豪門大族均已連夜逃走一空，其中並有一個村長，却留了一節火車，把全村的居民，都載往巴黎。

至於巴黎慌亂的撤退，開始於六月九日。指示居民撤退，只須兩項手續：一項是無綫電的指示，說明撤退到什麼地方去與怎樣達到那地方，一項是警察維持路上秩序。但這兩項都沒有辦到。法國無綫電應該不斷努力約束輕信謠言的民衆遷移的時候，卻在播送跳舞音樂，及一再播送過時的政府公報。結果法國民衆的精神完全頹喪，好幾天內，法國全國人民，一半在逃難，還有一半在觀望。這些觀望的人後來也自制不住，也捲了舖蓋，走上逃亡之途，但茫茫不知向何處逃去，也不知爲什麼原因而逃。這逃亡的一羣，使鄉間的食物饕嚼一空，尤其重要的，是造成汽油的恐慌。到了最後，軍政當局才下令禁止難民出境，把一切毫無意義的運輸停止，這樣的運輸，已在好多區域內，使軍事行動，發生了障礙。

法國政府，突在六月十四日全部撤往波爾多，其特殊的景象，是肥胖的參議員乘着絲絨裏子的汽車，帶着嫵媚的女人，在幾哩路長的難民後面，要求搶前到汽油站去加油。

法國在戰前並沒有團結，相信在戰爭中已團結起來的也非事實。在相反方面，好多聰明的法國人認爲戰爭是一個很壞的東西，與其法國戰勝而致貧困，毋寧維持一繁榮而居於弱國的地位。這就是參加慕尼克會議者的主張，也就是這一批人統治法國，一直到今年三月。

幾百萬的法國工人，受了馬克思主義的洗禮，更無在法國作戰的理由。對和平消息的反響完全是怨尤欲絕的慘痛。一個士兵會慷慨的說：「我們領導的人全是兎子心肝。」

六月二十一日，在巴容納地方，只要放一槍，就可造成血肉模糊的一團。那城市中擠滿了國內外的肥胖的逃難人，並有着大汽車與漂亮女人。從吉爾堡救出的法國軍隊，剛在登陸，形容憔悴，饑餓不堪。英國空軍先遣隊也蠭湧入城，以便撤回英國。葡萄牙領事館已被包圍得水洩不通，須派五個兵，負槍守住門口。一言以蔽之，景象慘淡可怕，實爲美國人所不能想像其萬一。

下面是一個法國人寫給「生活」圖畫週報的一封信：

鄙人讀貴報關於法國情形所發表的報告，深覺貴報通信員已經做到許多記者所自認爲應做的事了，就是僅從他個人的觀察獲得結論，而不與別人的觀察來對照。法國年來政客們的腐敗不堪，確是絕對眞實的，沒有一個法國人可加以否認。我是以一個生長在法國家庭中的人的資格來講話，我的家庭仍在法國，且與法國政府有關係。有一事不可忘記的，就是法國人被一個强有力的人如樸恩楷萊等人統治著的時候，英美兩國人總毫不容情地批評着說，他們是侵略者，黷武者，殘忍者，復仇者與不合作者；反之，如莅弱無能的白里安與白魯姆等人登台，英美兩國人却讚揚法國自由主義，盡恭維的能事。二九.九.十六申

法國人不希望權勢，是淡泊自甘的民族。我所認識的法國人當中，從沒有一個有掌握大權的野心。法國人所要求的是讓其享受和平。在性格上，法國人是討厭政府的，不問政府的實際情形如何，總認爲政府是壞的。在過去十年中，雖政府每況愈下，但普通法國人却漠不關心。在緊急關頭，那自然是一個錯誤，但大多數的法國人祈求此種緊急關頭即將過去，戰爭的惡魔永不再來。於是法國發生一種法德妥協運動。

我在幾星期前接到法國幾封來信，證明法國人並非腐敗的民族，但是失去幻想的民族。他們並不如貴報記者所說，却沒有忘記了怎樣工作，並且仍在盡力工作。我的七十歲的母親，當我寫信請她來美時，她回信說：「請你不必再作此想吧。我在法國有工作可做，我對難民還能盡救濟的任務時，我仍得留在法國。」我還有一位胞姊曾在巴黎兵營廚房裏，每日工作至早上兩點鐘，也曾以同樣的態度，寫信給我。他們兩人都沒有忘記怎樣工作。他們正是無數法國人的代表呀。

從法國北部撤退下來的車子，載着遇難的兒童屍體，那才是使法國人氣短的事，但並非法國多數人的腐敗使法國崩潰。在這一時期，法國人正需要世界各國人的瞭解與同情呢。

鮑亞斯Simone Brangier Boas

（本篇完）

政體

天之愛民甚矣豈其使一人肆於民上

右襄十四

政體

「天王無出，出，失天下也」

穀梁僖廿四　天王出居於鄭

箋　天子無客禮見郊特牲

政體

「天子之見穀梁二二十六二の書作稱天王子姓二十
王稱王姓八稱天子姓……賈逵云討
夏稱天王戠曰王帝稱曰天子」
左成八天子使召伯賜

政治

盜憎主人，民惡其上。左成十五

惟器與名，不可以假人。若以假人，與人政也。左成二

惟有德者能以寬服人，其次莫如猛。寬以濟猛，猛以濟寬。左昭廿

[redacted]鄭書曰：惡直醜正，實繁有徒。左昭廿八

政體

社稷無常奉　君臣無常位　三后之姓　於今爲庶　左昭卅二

輒以弓及致霸而問　左哀廿六

政體——君位繼承

非適嗣何必娣之子　左襄卅一

足不良不立　弱足其後之孫屢得居　左昭七

若立君則有卿士大夫與守龜在　定元

政治——民義

邾文公遷繹　左文十三

師曠之論　左襄十四

鄭人游於鄉校　左襄卅一

嫠不恤其緯而憂宗周之隕　左昭廿四

吳[redacted]召陳之懷公朝國人而問焉　欲與楚者右欲與吳者左　陳人從田無田從黨　左哀元

衛侯欲叛晉患諸大夫朝國人問　左定八

政治

稱制二字之義 見漢書高后紀注（三北）

後漢皆以太后令 見隋書鄭和志（若下北外）

三國志臧洪傳注引六年崇民州（太守）茂常武（太守）子為遂以領東瀛郡

內附興師伐之不能討傳首等遂降於八年諸羌叛殺長

諸夷稍不耐徽至是以叛轉成民害〔郡〕般長吏

二郡民牽征煩調傷經役侍（苗遣）之為民（四北）

政體

天王

隱元雜語、言天王封域是楚、上僭稱王之封
而封正而自繫於天也其社不正者因以廣
是非　蹟若正之則當直言王、、、人之
義亦言天見其非正矣

政體

君見執於外國內復立一人

公羊僖廿一楚人使宜申來獻捷 又衛之

晅之事

關送

送黄先生研究參考

當代社會

澤東　四卅

諸侯上人財

才德

爭

諸侯國

子弟兩古史

穆木首

頓首

[redacted]范蔵

前函並達於右揆函乃並戢

以方

哲學

此隨時變之理

呂覽慎大覽亦合

政治

周書度訓凡民生而有好有惡○小得其所好則
喜○大得其所好則樂○小遭其所惡則憂○大遭
其所惡則哀○凡民之所好惡生物是好死物是
惡民至有好而不讓不從其所好必犯法無以事
上民至有惡而不讓不去其所惡必犯法無以事上
偏行于此尚有頑民而況其不去其所惡而從
其所好民能居其所者不□力何以求之力爭則
力政力政則無讓無讓則無禮無禮雖得所好民

樂字若樂乃所安逸民不困逸於無不能的須不須
則奪之利耕之利何以養老幼何以撫病疾死
喪何以齊後也明王是以極等以勸將兵敬民須的
揭等力立之任壯養老長幼有鄰民是以齊後
也夫力立之非羸不封之家非和不取和非中不立中
非禮不讀禮非樂不廢明王是以無樂非人
無樂非人之旨是以寫

政務

植遣[redacted]股時之務政[redacted]者須刑部院日譯

大二務干綫

擬改

擬改與擬任擬主别從部院日録之一

擬去解

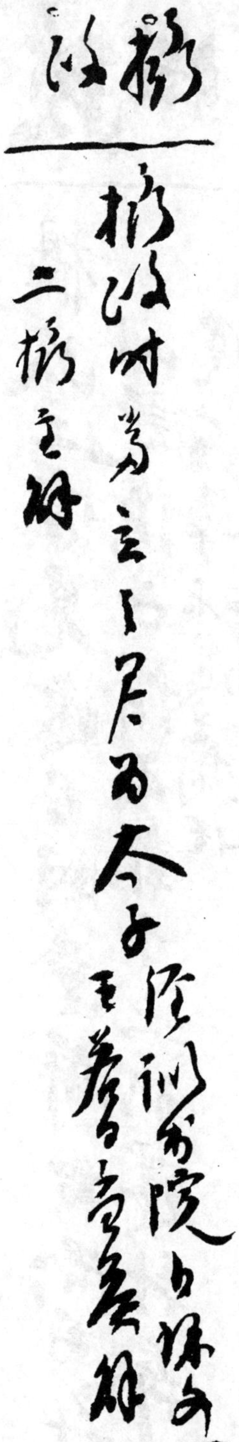

陷跋

攝政二字見逸書明堂解古尚書等

此說後于謂及郭于王祇還新莽

託寫事、求二定齋任

篆二鵬鶚詩跋

政治

當國爲君而未成君之詞

春秋之設辭

癸巳存齋三出年

政治—官府—體系本周禮

東塾讀書記 七 第六条

政治

政以爲政政以爲政所謂札從政實事求是

衡經叢二札後

宜良從修辭

君

主

夏殷本稱帝周以通三正又稱曰王亦蓋

稱三王癸巳類稿五春秋林氏年三王乃周人語

元年春王正月解

言可默。此言指意要功之謂也。凡此淺深曲直諸事皆可詳之言之指意要必得此然可以成功天不一時。春夏秋冬各有其時地不一利。五土十地各有其利人不一事。士農工商各有其事是以著業不得不多。人之名位。不得不殊。天時地利猶有不一況於人之所著事業及其名位豈得不多而殊乎方明者察于事。故不官。官主也于物而旁通于道。方謂法術言法術通明之士察於天地知不可專一故云不主一物功用無方旁通於道也道也。者通乎無上。詳乎無窮。運乎諸生。諸物由道而生是故辯於一言。察於一治。攻於一事者。可以曲說。而不可以廣舉。言寡能之人但辯一言察一理攻一事如此者唯可以示一曲之說未足以廣苞也聖人由此知言之不可兼也。故

管子　卷四　四　埽葉山房石印

博為之治而計其意。知一言不可兼羣言故博為理衆言而復計度所言之意以告諭之也知事之不可兼也。故名為之說而況其功。又知一事不足以兼衆事故每事皆立名而為之說又恐未明其功故比況而曉告之歲有春秋冬夏。月有上下中旬。日有朝暮。夜有昏晨半星。星半隱半見也辰序各有其司。故曰天不一時。此以上略舉天時不一半星辰序言其星辰晝隱夜出常見半至於次序有司以為法也山陵岑巖。淵泉閎流。泉踰瀷而不盡。瀷湊漏之流也薄陳瀷而不滿。泉適而前瀷隨而後欲其流不盡至谿谷小既停薄隨至而泄雖承瀷而常不滿之流也高下肥磽。物有所宜。故曰地不一利。此以上略言地利不一也鄉有俗。國有法。食飲不同味。衣服異采。世用器械。規矩繩準。稱量數度。品有所成。故曰人不一事。此以上舉人之事不一也此各事之儀。其詳不

可盡也。此天地人三者之儀但略舉之故其詳不盡也可正而視。言察美惡。審別良苦。不可以不審操分不襍。故政治不悔。定而履。言處其位。行其路。爲其事。則民守其職而不亂。故祿統而好終。深而遠。言明墨章書道德有常。則後世人人修理而不迷。故名聲不息。夫天地一險一易。若鼓之有椁。椁當爲響擿擂則擊。險易猶否泰夫天地否泰應德而至猶鼓之含響應擊而鳴者也言苟有唱之。必有和之。和之不差。因以盡天地之道。唱則擊也小則小和大則大和故曰和擊而不差應擊爲響象天地應德爲否泰也景不爲曲物直。響不爲惡聲美。物曲則影曲聲惡則響惡亦天道福善禍淫隨事而至也況是以聖人明乎物之性者。必以其類來也。惡聲往則惡響來猶積善餘慶積惡餘殃故君子繩繩乎愼其所先。

政治

錯國於不傾之地積於不涸之倉（涸竭也）藏於不竭之府下令於流水之原使民於不爭之官明必死之路開必得之門不為不可成不求不可得不處不可久不行不可復錯國於不傾之地者授有德也積於不涸之倉者務五穀也藏於不竭之府者養桑麻育六畜也下令於流水之原者令順民心也使民於不爭之官者使各為其所長也（各長其所長則順而悦故不爭也）明必死之路者嚴刑罰也開必得之門者信慶賞也不為不可成者量民力也不求不可得者不彊民以其所惡也不處不可久者不偷取一世也（謂所處可必使百代常行）不行不可復者不欺其民也（復重也欺民之事不可重行也）故授有德則國安務五穀則食足養桑麻育六畜則民富令順民心則威令行使民各為其所長則用備嚴刑罰則民遠邪信慶賞則民輕難量民力則事無不成不彊民以其所惡則詐僞不生不偷取一世則民無怨心不欺其民則下親其上

右四經（士事也經常也謂陳事之可以常行者也）

哲學

荀子言君子之道

君子篇

教學

吾黨之備官

指行為

於新任者可立以為長年老者可罷而勿政害于

財而亦難擇用而能備之官者可擇以為之師

卷首

哲學

「先民所為萬物天道如何者為何而為甲群人道如是者天道如何者人道如天道之與人道如相去遠矣乃所不究也」

夫子，性與天道為

所天道為天言之始、、、、與顧道

古之所大道性、、、、之淵上之所以為言下也

星坂

按反復還也言民有所趨向則反道

按處名物為是還名物為非

者人主之位也先王之在天下也。民比之神明之德。先王善牧之於民者也。夫民別而聽之則愚。別而聽之則各信其一方暗莫之發故愚合而聽之則聖。合而聽之則得失相轉可否相濟芻蕘之言賢聖不能易故聖也雖有湯武之德復合於市人之言。是以明君順人心。安情性。而發於衆心之所聚。聚謂同所歸湊是以令出而不稽稽留也刑設而不用。人不犯法無所用刑故先王善與民為一體以百姓心為心故曰一體與民為一體。則是以國守國。以民守民也。一國同一意萬人同一心然則民不便為非矣。為非則失利故不便雖有明君。百步之外。聽而不聞。耳聽有所極間之堵牆。窺而不見也。目視有所窮而名為明君者。君善用其臣。臣善納其忠也。君能善用臣能善納則何聽而不聞何視而不見耳目不壅非明而

所居反　餰諸延反

然友反命定爲三年之喪父兄百官皆不欲曰吾宗國魯先君莫之行吾先君亦莫之行也至於子之身而反之不可且志曰喪祭從先祖曰吾有所受之也謂然友曰吾他日未嘗學問好馳馬試劍今也父兄百官不我足也恐其不能盡於大事子爲我問孟子然友復之鄒問孟子孟子曰然不可以他求者也孔子曰君薨聽於冢宰歠粥面深墨卽位而哭百官有司莫敢不哀先之也上有好者下必有甚焉者矣君子之德風也

小人之德草也草尚之風必偃是在世子好爲皆去聲復扶又反歠川悅反然友反命世子曰然是誠在我五月居廬未有命戒百官族人可謂曰知及至葬四方來觀之顏色之戚哭泣之哀弔者大悅

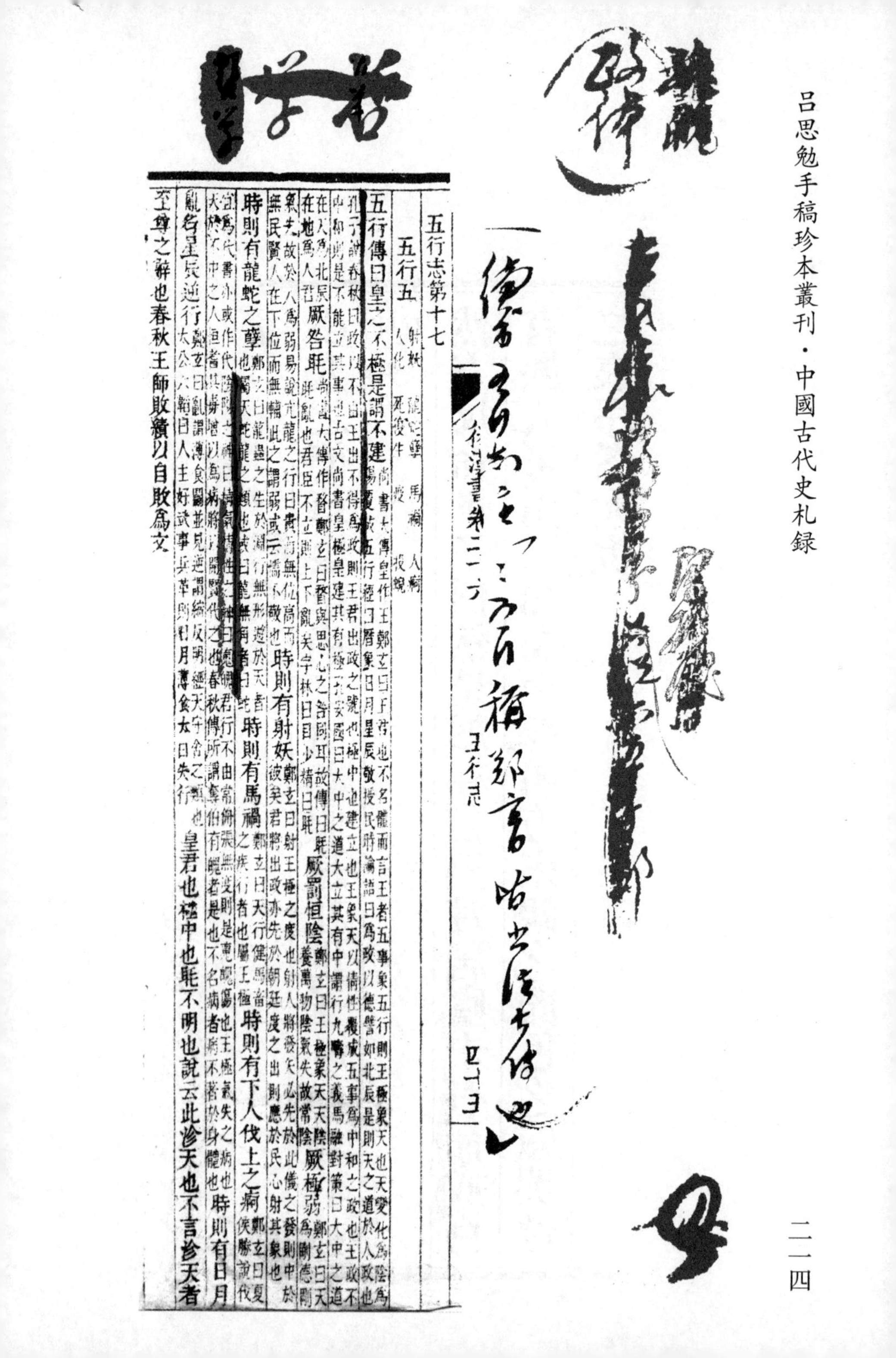

前漢書卷二十七下 五行志

五行志第十七

五行五 射妖 龍蛇孽 馬禍 人痾 人化 死復作 疫 投蜺

五行傳曰皇之不極是謂不建 尚書大傳皇作王鄭玄曰王君也不名體而言王者五事象五行則王極象天也天變化爲陰爲陽覆成五行經曰曆象日月星辰敬授民時論語曰爲政以德譬如北辰是則天之道於人政也孔子說春秋曰政以不由王出不得爲政則王君出政之號也極中也建立也王象天以情性覆成五事爲中和之政也王政不中和則是不能立其事也古文尚書皇極皇建其有極孔安國曰大中之道大立其有中謂行九疇之義馬融對策曰大中之道在天爲北辰在地爲人君 厥咎眊 尚書大傳作瞀鄭玄曰瞀與思心之咎同耳故傳曰眊眊亂也君臣不立則上下亂矣字林曰目少精曰眊 厥罰恒陰 鄭玄曰王極象天天陰養萬物陰氣失故常陰 厥極弱 鄭玄曰天爲剛德剛氣失故於人爲弱易說亢龍之行曰貴而無位高而無民賢人在下位而無輔此之謂弱或云懦不敬也 時則有射妖 鄭玄曰射王極之度也射人將發矢必先於此儀之發則中於彼矣君將出政亦先於朝廷度之出則應於民心射其象也 時則有龍蛇之孽 鄭玄曰龍蟲之生於淵行無形遊於天者也屬天蛇龍之類也或曰龍無角者曰蛇 時則有馬禍 鄭玄曰天行健馬畜之疾行者也屬王極 時則有下人伐上之痾 鄭玄曰夏侯勝說伐宜爲代書亦或作代陰陽之神曰精氣情性之神曰魂魄君行不由常侜張無度則是魂魄傷也王極氣失之病也天於不中之人恒耆其毒增以爲病將以開賢代之也春秋傳所謂奪伯有魄者是也不名病者病不著於身體也 時則有日月亂行星辰逆行 鄭玄曰亂謂薄食鬬並見逆謂縮反明經天守舍之類也太公六韜曰人主好武事兵革則日月薄蝕太白失行 皇君也極中也眊不明也說云此沴天也不言沴天者至尊之辭也春秋王師敗績以自敗爲文

（政治）

時質文之故

仲也順其計策與使行權故使無惡疏注順其至無惡○解云下十五年傳例云歸者出入無惡故言此○鄭忽出奔衞忽何以名據宋子既葬稱子疏注據宋至稱子解云僖九年三月宋公禦説卒夏公會宰周公齊侯宋子已下盟于葵丘是也若然案彼經文宋公禦説三月卒夏則公會宋子于葵丘討應未葬故注云宋未葬不稱子某者出會諸侯非居尸柩之前故不名也此云宋子既葬稱子者謂以其非居尸柩之前故時已葬之稱而單言子況此鄭忽之父久已葬訖而反名故難之春秋伯子男一也辭無所貶一春秋改周之文從殷之質合伯子男爲一辭無所貶皆從子夷狄進爵稱子是也忽稱子則與諸侯改伯從子辭同於成君無所貶損故名也名者緣君薨有降既葬名義也此非罪貶也君子不奪人之親故使不離子行也王者起所以必改質文者爲承衰亂救人之失也天道本下親親而質省地道敬上尊尊而文煩故王者始起先本天道以治天下質而親親及其衰敝其失也親親而不尊故后王起法地道以治天下文而尊尊及其衰敝其失也尊尊而不親故復反之於質也質家爵三等者法天之有三光也文家爵五等者法地之有五行也合三從子者制由中也○省所景反疏注夷狄至名也○解云襄二十九年吴子使札來聘哀十三年公會晉侯及吴子于黄池之屬是也○注名者至義也○解云言君薨稱子某既葬稱子者正以既葬稱殺故不得名也然則初薨所以名者降於既葬也今鄭忽書名者緣君薨而名之義也○注天道本下親親而質省者已下至反之於質皆出於樂説文○注質家爵三等法天之有三光也已下皆春秋説文也

政治

卷一

二三卷

舊時政治利弊之論

政治

爲政以德譬如北辰居其所而衆星拱之」道家爲君人南面之術而以無爲爲尙儒家道家之言無爲原非野蠻時代迷信之說然此特學術發達之後加無爲二字以新解釋而無爲二字最初之觀念則實與今日西藏達賴班禪之不親政務同也由君主尙無爲故有卑者親事之義（白虎通五行篇）又有日行遲月行疾君逸而臣勞之義（加以哲學上之變化則爲勤於求賢逸於任人矣）其後事實變遷君主之權力擴大於是君德復以剛健爲尙於斯時也君主乃爲政治上之總攬者於是不以無所事事之昊天上帝爲法而以分主化育之五帝爲法　加以血統上父子相傳之觀念以人擬天於是有感生之說　四時之序成功者退易姓革命者乃得託此義以自神於是有五德終始之說　同理附會三正之義則有通三統之說　而在政治上最重要之觀念爲法天其後哲學進步視天地亦不過宇宙萬物中之一物同爲「假定爲萬有本原之一種原動力」所成而「元」之權威乃出於天之上於是「以元統

極也故書大傳謂「其變幾微而所動者大謂之族機…族機謂之北極」於易乾爲西北方之卦乾鑿度易變而爲一鄭注一主北方氣漸生之始此即太初之氣所生也（說文天闕西北爲无又古文奇字无通於元）合以律歷之術而三統之說起矣、公羊何注統始也　三統歷陰陽合德氣鍾于子化生萬物者也　後漢書陳寵傳「…冬至之節陽氣始萌…天以爲正周以爲春十二月陽氣上通…地以爲正殷以爲春十三月陽氣已至天地已交…人以爲正夏以爲春三微成著以通三統」

政治

厲。

○子夏曰。君子信而後勞其民。未信則以爲厲己也。信而後諫。未信則以爲謗己也。

○子夏曰。大德不踰閑。小德出入可也。

○匡章曰陳仲子豈不誠廉士哉居於陵三日不食耳無聞目無見也井上有李螬食實者過半矣匍匐往將食之三咽然後耳有聞目有見於音烏下於陵同螬音曹咽音宴

孟子曰於齊國之士吾必以仲子爲巨擘焉雖然仲子惡能廉充仲子之操則蚓而後可者也擘薄厄反惡平聲蚓音引

夫蚓上食槁壤下飲黃泉仲子所居之室伯夷之所築與抑亦盜跖之所築與所食之粟伯夷之所樹與抑亦盜跖之所樹與是未可知也夫音扶與平聲

曰。是何傷哉。彼身織屨。妻辟纑。以易之也。辟音璧纑音盧

曰。仲子。齊之世家也。兄戴。蓋祿萬鍾。以兄之祿爲不義之祿而不食也。以兄之室爲不義之室而不居也。辟兄離母。處於於陵。他日歸。則有饋其兄生鵝者。己頻顣曰。惡用是鶂鶂者爲哉。他日。其母殺是鵝也。與之食之。其兄自外至。曰。是鶂鶂之肉也。出而哇之。蓋音閤辟音避頻與顰同顣與蹙同子六反惡平聲鶂魚一反哇音蛙

以母則不食。以妻則食之。以兄之室則弗居。以於陵則居之。是尚爲能充其類也乎。若仲子者。蚓而後充其操者也。

孟子　卷四　十

○孟子告齊宣王曰君之視臣如手足則臣視君如腹心君之視臣如犬馬則臣視君如國人君之視臣如土芥則臣視君如寇讎

王曰禮爲舊君有服何如斯可爲服矣爲去聲下爲之同曰諫行言聽膏澤下於民有故而去則君使人導之出疆又先於其所往去三年不反然後收其田里此之謂三有禮焉如此則爲之服矣今也爲臣諫則不行言則不聽膏澤不下於民有故而去則君搏執之又極之於其所往去之日遂收其田里此之謂寇讎寇讎何服之有

君臣

○孟子曰。無罪而殺士。則大夫可以去。無罪而戮民。則士可以徙。

○孟子曰。君仁莫不仁。君義莫不義。

○曾子居武城有越寇或曰寇至盍去諸曰無寓人於我室毀傷其薪木寇退則曰脩我牆屋我將反寇退曾子反左右曰待先生如此其忠且敬也寇至則先去以爲民望寇退則反殆於不可沈猶行曰是非汝所知也昔沈猶有負芻之禍從先生者七十人未有與焉與去聲子思居於衞有齊寇或曰寇至盍去諸子思曰如伋去君誰與守

孟子曰曾子子思同道曾子師也父兄也子思臣也微也曾子子思易地則皆然

○儲子曰王使人瞯夫子果有以異於人乎孟子曰何

○齊宣王問卿。孟子曰。王何卿之問也。王曰。卿不同乎。
曰。不同。有貴戚之卿。有異姓之卿。王曰。請問貴戚之卿。
曰。君有大過則諫。反覆之而不聽。則易位。
王勃然變乎色。
曰。王勿異也。王問臣。臣不敢不以正對。

王色定。然後請問異姓之卿。曰。君有過則諫。反覆之而
不聽。則去。

稅音脫爲肉爲無之爲去聲

◯孟子曰五霸者三王之罪人也今之諸侯五霸之罪人也今之大夫今之諸侯之罪人也

天子適諸侯曰巡狩諸侯朝於天子曰述職春省耕而補不足秋省斂而助不給入其疆土地辟田野治養老尊賢俊傑在位則有慶慶以地入其疆土地荒蕪遺老失賢掊克在位則有讓一不朝則貶其爵再不朝則削其地三不朝則六師移之是故天子討而不伐諸侯伐而不討五霸者摟諸侯以伐諸侯者也故曰五霸者三

王之罪人也。朝音潮辟與闢同治去聲

五霸桓公爲盛葵丘之會諸侯束牲載書而不歃血初命曰誅不孝無易樹子無以妾爲妻再命曰尊賢育才以彰有德三命曰敬老慈幼無忘賓旅四命曰士無世官官事無攝取士必得無專殺大夫五命曰無曲防無遏糴無有封而不告曰凡我同盟之人既盟之後言歸于好今之諸侯皆犯此五禁故曰今之諸侯五霸之罪人也。歃所洽反糴音狄好去聲

長君之惡其罪小逢君之惡其罪大今之大夫皆逢君之惡故曰今之大夫今之諸侯之罪人也。長上聲

○孟子曰。恥之於人大矣。爲機變之巧者。無所用恥焉。不恥不若人。何若人有。

○孟子曰。古之賢王。好善而忘勢。古之賢士。何獨不然。樂其道而忘人之勢。故王公不致敬盡禮。則不得亟見。之見且猶不得亟。而況得而臣之乎。好去聲樂音洛亟去吏反

○孟子曰。仲子。不義與之齊國而弗受。人皆信之。是舍簞食豆羹之義也。人莫大焉。亡親戚君臣上下。以其小者信其大者。奚可哉。舍音捨　食音嗣

未嘗不飽蓋不敢不飽也然終於此而已矣弗與共天位也弗與治天職也弗與食天祿也士之尊賢者也非王公之尊賢也

舜尚見帝帝館甥于貳室亦饗舜迭爲賓主是天子而友匹夫也

用下敬上謂之貴貴用上敬下謂之尊賢貴貴尊賢其義一也

○萬章問曰敢問交際何心也孟子曰恭也

曰卻之卻之爲不恭何哉曰尊者賜之曰其所取之者

義乎不義乎而後受之以是爲不恭故弗卻也
曰請無以辭卻之以心卻之曰其取諸民之不義也而
以他辭無受不可乎曰其交也以道其接也以禮斯孔
子受之矣
萬章曰今有禦人於國門之外者其交也以道其餽也
以禮斯可受禦與曰不可康誥曰殺越人于貨閔不畏
死凡民罔不譈是不待教而誅者也殷受夏周受殷所
不辭也於今爲烈如之何其受之與平聲譈書作憝徒對反
曰今之諸侯取之於民也猶禦也苟善其禮際矣斯君

子受之。敢問何說也。曰。子以爲有王者作。將比今之諸侯而誅之乎。其教之不改而後誅之乎。夫謂非其有而取之者盜也。充類至義之盡也。孔子之仕於魯也。魯人獵較。孔子亦獵較。獵較猶可。而況受其賜乎。比去聲夫音扶較音角

曰。然則孔子之仕也。非事道與。曰。事道也。事道奚獵較也。曰。孔子先簿正祭器。不以四方之食供簿正。曰。奚不去也。曰。爲之兆也。兆足以行矣。而不行。而後去。是以未嘗有所終三年淹也。與平聲

〇萬章問曰敢問友孟子曰不挾長不挾貴不挾兄弟

而友友也者友其德也不可以有挾也孟獻子百乘之家也有友五人焉樂正裘牧仲其三人則予忘之矣獻子之與此五人者友也無獻子之家者也此五人者亦有獻子之家則不與之友矣乘去聲下同非惟百乘之家爲然也雖小國之君亦有之費惠公曰吾於子思則師之矣吾於顔般則友之矣王順長息則事我者也費音祕般音班非惟小國之君爲然也雖大國之君亦有之晉平公之於亥唐也入云則入坐云則坐食云則食雖疏食菜羹

○孟子曰。人不足與適也。政不足間也。惟大人爲能格君心之非。君仁莫不仁。君義莫不義。君正莫不正。一正君而國定矣。適音謫　間去聲

孟子　卷四　八

○孟子曰。有不虞之譽。有求全之毀。

此佈

鋒評如何　補見之　2下

補條

共壹卅國

同註九、二五

梁書陳伯之傳褚緭及上矣華不多華

以爲之豪加亦之年自取

政治

一　其議決要者個人之意見上者有

公法人也[illegible]也[illegible]也已

國民[illegible]權[illegible]之言

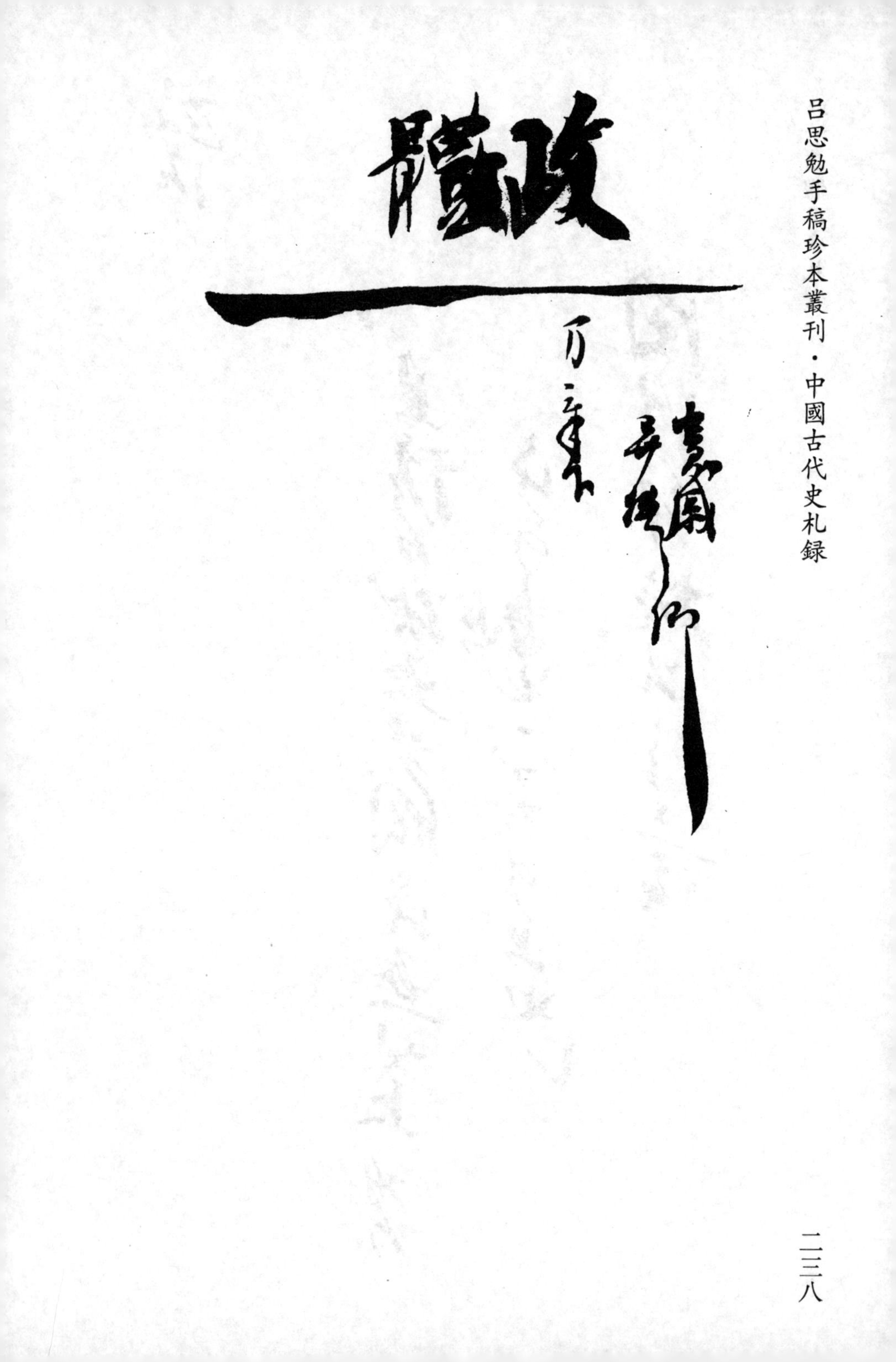

太子

王寵惠辭職　須到分院面談之

乙支

宋衛策云梁[illegible]攻宋[illegible]將[illegible]

秦始皇之（廿四下）

年歲以匿民無以[illegible]　國策十六

秦亦以民[illegible]相[illegible]大

其王乃一言之[illegible]

至人之餘辯之（文四九下）（文四一五下）餘於情之使者

孟子

齊王善養[illegible]

（又四四）

（又卅一下土[illegible]）

政治

民義　戰國策（卅）7上

政治（三）1上（十六）1上（十七）5下（21）5上（29）4下 6上

語（七）3下（八）1上（九）1下（十九）2下 5上

民族

國語與音

又伸

乃荒先生仰[illegible]

前承乃荒[illegible][illegible]生　仰[illegible][illegible][illegible]振[illegible]法

振東[illegible]卿代又[illegible]閣以

[illegible][illegible][illegible][illegible][illegible][illegible]　乃荒[illegible][illegible][illegible]人手[illegible]

[illegible][illegible][illegible][illegible]臨安待[illegible][illegible][illegible]　[illegible][illegible]

二十[illegible][illegible][illegible][illegible][illegible][illegible][illegible]

書　岳律

下世形傳五帝，終歷故世紂經言乎也

爲得其經史，乃階紀哉

似者精之歷言之害帝德

何倖

王若曰孟侯朕其弟小子封　康叔乃周王叔父

路徑

賤子在國門下者得為天年自易誅

呂覽長利

史

長

政治

~~周史東~~

「説者皆周末衰微當天下之傳戴天子之尊

多處兩周而朝諸侯」

諸侯乃末崖崩

改作

民主〻〻義

風俗通 二六

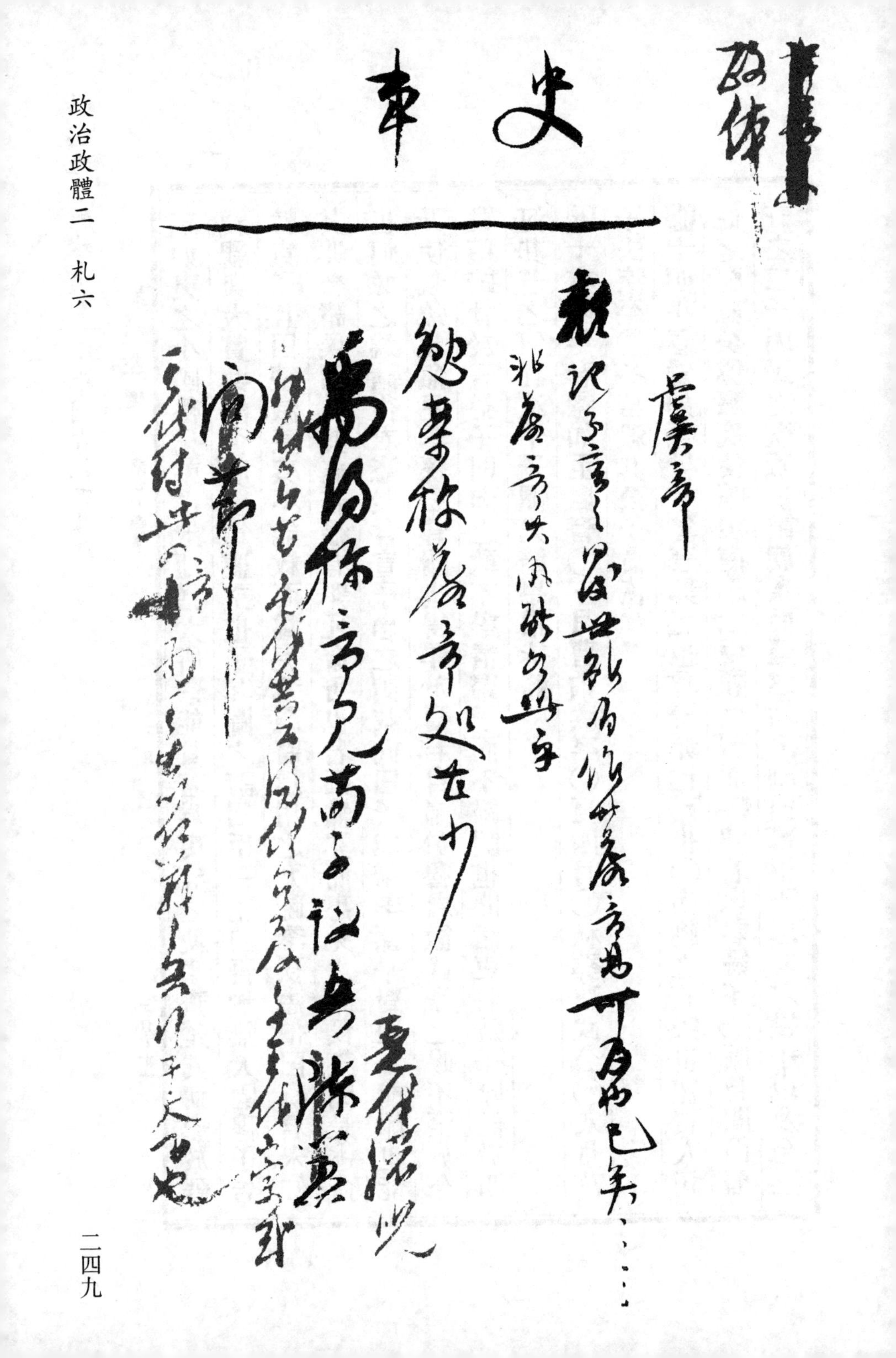

政體

史事

虞帝

[illegible]記子言之[illegible]世能有[illegible]者言也[illegible]已矣
[illegible]

[illegible]帝如[illegible]

禹[illegible]稱帝乃商之[illegible]

[illegible]

周帝

[illegible]

不如夷之小國魯兄弟也土地猶大所命能具若爲夷弃之使事齊楚其何瘳於晉親親與大賞共罰否所以爲盟主也子其圖之諺曰臣一主二吾豈無大國穆子告韓宣子且曰楚滅陳蔡不能救而爲夷執親將焉用之乃歸季孫惠伯曰寡君未知其罪合諸侯而執其老若猶有罪死命可也若曰無罪而惠免之諸侯不聞是逃命也何免之爲請從君惠於會宣子患之謂叔向曰子能歸季孫乎對曰不能鮒也能乃使叔魚叔魚見季孫曰昔鮒也得罪於晉君自歸於魯君微武子之賜不至於今雖獲歸骨於晉猶子則肉之敢不盡情歸子而不歸鮒也聞諸吏將爲子除館於西河其若之何且泣平子懼先歸惠伯待禮

經十有四年春意如至自晉○三月曹伯滕卒○夏四月○秋葬曹武公○八月莒子去疾卒○冬莒殺其公子意恢

傳十四年春意如至自晉尊晉罪己也尊晉罪己禮也○南蒯之將叛也盟費人司徒老祁慮癸僞廢疾使請於南蒯曰臣願受盟而疾興若以君靈不死請待間而盟許之二子因民之欲叛也請朝衆而盟遂劫南蒯曰羣臣不忘其君畏子以及今三

夫皆受其賜己未公薨子家子反賜於府人曰吾不敢逆君命也大夫皆反其賜書曰公薨于乾侯言失其所也趙簡子問於史墨曰季氏出其君而民服焉諸侯與之君死於外而莫之或罪也對曰物生有兩有三有五有陪貳故天有三辰地有五行體有左右各有妃耦王有公諸侯有卿皆有貳也天生季氏以貳魯侯爲日久矣民之服焉不亦宜乎魯君世從其失季氏世脩其勤民忘君矣雖死於外其誰矜之社稷無常奉君臣無常位自古以然故詩曰高岸爲谷深谷爲陵三后之姓於今爲庶王所知也在易卦雷乘乾曰大壯☳☰天之道也昔成季友桓之季也文姜之愛子也始震而卜卜人謁之曰生有嘉聞其名曰友爲公室輔及生如卜人之言有文在其手曰友遂以名之既而有大功於魯受費以爲上卿至於文子武子世增其業不費舊績魯文公薨而東門遂殺適立庶魯君於是乎失國政在季氏於此君也四公矣民不知君何以得國是以爲君愼器與名不可以假人

定公

經元年春王三月晉人執宋仲幾于京師○夏六月癸亥公之喪至自乾侯○戊辰

經二十有七年春公如齊公至自齊居于鄆○夏四月吳弒其君僚○楚殺其大夫郤宛○秋晉士鞅宋樂祁犂衞北宮喜曹人邾人滕人會于扈○冬十月曹伯午卒○邾快來奔○公如齊公至自齊居于鄆

傳二十七年春公如齊公至自齊處于鄆言在外也○吳子欲因楚喪而伐之使公子掩餘公子燭庸帥師圍潛○使延州來季子聘于上國遂聘于晉以觀諸侯楚莠尹然工尹麇帥師救潛左司馬沈尹戌帥都君子與王馬之屬以濟師與吳師遇于窮令尹子常以舟師及沙汭而還左尹郤宛工尹壽帥師至于潛吳師不能退吳公子光曰此時也弗可失也告鱄設諸曰上國有言曰不索何獲我王嗣也吾欲求之事若克季子雖至不吾廢也鱄設諸曰王可弒也母老子弱是無若我何光曰我爾身也夏四月光伏甲於堀室而享王王使甲坐於道及其門門階戶席皆王親也夾之以鈹羞者獻體改服於門外執羞者坐行而入執鈹者夾承之及體以相授也光僞足疾入于堀室鱄設諸寘劍於魚中以進抽劍刺王鈹交於胷遂弒王闔廬以其子爲卿季子至曰苟先君無廢祀民人無廢主社稷有奉國家無傾乃吾君也吾誰

敢怨哀死事生以待天命非我生亂立者從之先人之道也復命哭墓復位而待吳公子掩餘奔徐公子燭庸奔鍾吾楚師聞吳亂而還○郤宛直而和國人說之鄢將

天以七紀戊子逢公以登星斯於是乎出吾是以譏之○齊惠欒高氏皆耆酒信內多怨彊於陳鮑氏而惡之夏有告陳桓子曰子旗子良將攻陳鮑亦告鮑氏桓子授甲而如鮑氏遭子良醉而騁遂見文子則亦授甲矣使視二子則皆從飲酒桓子曰彼雖不信聞我授甲則必逐我及其飲酒也先伐諸陳鮑方睦遂伐欒高氏子良曰先得公陳鮑焉往遂伐虎門晏平仲端委立于虎門之外四族召之無所往其徒曰助陳鮑乎曰何善焉助欒高乎曰庸愈乎然則歸乎曰君伐焉歸公召之而後入公卜使王黑以靈姑銔率吉請斷三尺焉而用之五月庚辰戰于稷欒高敗又敗諸莊國人追之又敗諸鹿門欒施高彊來奔陳鮑分其室晏子謂桓子必致諸公讓德之主也謂懿德凡有血氣皆有爭心故利不可強思義爲愈義利之本也蘊利生孽姑使無蘊乎可以滋長桓子盡致諸公而請老于莒桓子召子山私具幄幕器用從者之衣屨而反棘焉子商亦如之而反其邑子周亦如之而與之夫于反子城子公公孫捷而皆益其祿凡公子公孫之無祿者私分之邑國之貧約孤寡者私與之粟曰詩云陳錫載周能施也桓公是以霸公與桓子莒之旁邑辭穆孟姬爲之請高唐陳

〇衛人逆公子晉于邢冬十
二月宣公卽位書曰衛人立晉衆也
經五年春公矢魚于棠〇夏四月葬衛桓公〇秋衛師入郕〇九月考仲子之宮初
獻六羽〇邾人鄭人伐宋〇螟〇冬十有二月辛巳公子彄卒〇宋人伐鄭圍長葛
傳五年春公將如棠觀魚者臧僖伯諫曰凡物不足以講大事其材不足以備器用
則君不舉焉君將納民於軌物者也故講事以度軌量謂之軌取材以章物采謂之
物不軌不物謂之亂政亂政亟行所以敗也故春蒐夏苗秋獮冬狩皆於農隙以講
事也三年而治兵入而振旅歸而飲至以數軍實昭文章明貴賤辨等列順少長習

甘心焉乃殺子糾于生竇召忽死之管仲請囚鮑叔受之及堂阜而稅之歸而以告曰管夷吾治於高傒使相可也公從之

經十年春王正月公敗齊師于長勺○二月公侵宋○三月宋人遷宿○夏六月齊師宋師次于郎公敗宋師于乘丘○秋九月荆敗蔡師于莘以蔡侯獻舞歸○冬十月齊師滅譚譚子奔莒

傳十年春齊師伐我公將戰曹劌請見其鄉人曰肉食者謀之又何間焉劌曰肉食者鄙未能遠謀乃入見問何以戰公曰衣食所安弗敢專也必以分人對曰小惠未徧民弗從也公曰犧牲玉帛弗敢加也必以信對曰小信未孚神弗福也公曰小大之獄雖不能察必以情對曰忠之屬也可以一戰戰則請從公與之乘戰于長勺公將鼓之劌曰未可齊人三鼓劌曰可矣齊師敗績公將馳之劌曰未可下視其轍登軾而望之曰可矣遂逐齊師既克公問其故對曰夫戰勇氣也一鼓作氣再而衰三而竭彼竭我盈故克之夫大國難測也懼有伏焉吾視其轍亂望其旗靡故逐之○夏六月齊師宋師次于郎公子偃曰宋師不整可敗也宋敗齊必還請擊之公弗許

厲公入遂殺傅瑕使謂原繁曰傅瑕貳周有常刑既伏其罪矣納我而無二心者吾皆許之上大夫之事吾願與伯父圖之且寡人出伯父無裏言入又不念寡人寡人憾焉對曰先君桓公命我先人典司宗祏社稷有主而外其心其何貳如之苟主社稷國內之民其誰不爲臣臣無二心天之制也子儀在位十四年矣而謀召君者庸非二乎莊公之子猶有八人若皆以官爵行賂勸貳而

[illegible]

[illegible]

里克丕鄭欲納文公故以三公子之徒作亂初獻公使荀息傅奚齊公疾召之曰以是藐諸孤辱在大夫其若之何稽首而對曰臣竭其股肱之力加之以忠貞其濟君之靈也不濟則以死繼之公曰何謂忠貞對曰公家之利知無不爲忠也送往事居耦俱無猜貞也及里克將殺奚齊先告荀息曰三怨將作秦晉輔之子將何如荀息曰將死之里克曰無益也荀叔曰吾與先君言矣不可以貳能欲復言而愛身乎雖無益也將焉辟之且人之欲善誰不如我我欲無貳而能謂人已乎◯冬十月里克殺奚齊于次書曰殺其君之子未葬也荀息將死之人曰不如立卓子而輔之荀息立公子卓以葬十一月里克殺公子卓于朝荀息死之君子曰詩所謂白圭之玷尚可磨也斯言之玷不可爲也荀息有焉◯齊侯以諸侯之師伐晉及高梁而還討晉亂也令不及魯故不書◯晉郤芮使夷吾重賂秦以求入曰人實有國我何愛焉入而能民土於何有從之齊隰朋帥師會秦師納晉惠公秦伯謂郤芮曰公子誰恃對曰臣聞亡人無黨有黨必有讎夷吾弱不好弄能鬬不過長亦不改不識其他公謂公孫枝曰夷吾其定乎對曰臣聞之唯則定國詩曰不識不知順帝之則文王之謂

蒲狄乎齊桓公置射鉤而使管仲相君若易之何辱命焉行者甚衆豈唯刑臣公見之以難告三月晉侯潛會秦伯于王城己丑晦公宮火瑕甥郤芮不獲公乃如河上秦伯誘而殺之晉侯逆夫人嬴氏以歸秦伯送衛於晉三千人實紀綱之僕初晉侯之豎頭須守藏者也其出也竊藏以逃盡用以求納之及入求見公辭焉以沐謂僕人曰沐則心覆心覆則圖反宜吾不得見也居者爲社稷之守行者爲羈紲之僕其亦可也何必罪居者國君而讎匹夫懼者甚衆矣僕人以告公遽見之狄人歸季隗于晉而請其二子文公妻趙衰生原同屏括樓嬰趙姬請逆盾與其母子餘辭姬曰得寵而忘舊何以使人必逆之固請許之來以盾爲才固請于公以爲嫡子而使其三子下之以叔隗爲內子而己下之◯晉侯賞從亡者介之推不言祿祿亦弗及推曰獻公之子九人唯君在矣惠懷無親外內弃之天未絕晉必將有主主晉祀者非君而誰天實置之而二三子以爲己力不亦誣乎竊人之財猶謂之盜況貪天之功以爲己力乎下義其罪上賞其姦上下相蒙難與處矣其母曰盍亦求之以死誰懟對曰尤而效之罪又甚焉且出怨言不食其食其母曰亦使知之若何對曰言身之文也身將隱焉用文之是求顯也其母曰能如是乎與女偕隱遂隱而死晉侯求之不獲以緜上爲之田曰以志吾過且旌善人

有幾〇九月晉惠公卒懷公命無從亡人期期而不至無赦狐突之子毛及偃從重耳在秦弗召冬懷公執狐突曰子來則免對曰子之能仕父教之忠古之制也策名委質貳乃辟也今臣之子名在重耳有年數矣若又召之教之貳也父教子貳何以事君刑之不濫君之明也臣之願也淫刑以逞誰則無罪臣聞命矣乃殺之卜偃稱疾不出曰周書有之乃大明服己則不明而殺人以逞不亦難乎民不見德而唯戮是聞其何後之有〇十一月杞成公卒書曰子杞夷也不書名未同盟也凡諸侯同盟死則赴以名禮也赴以名則亦書之不然則否辟不敏也〇晉公子重耳之及於難也晉人伐諸蒲城蒲城人欲戰重耳不可曰保君父之命而享其生祿於是乎得人有人而校罪莫大焉吾其奔也遂奔狄從者狐偃趙衰顛頡魏武子司空季子狄人伐廧咎如獲其二女叔隗季隗納諸公子公子取季隗生伯儵叔劉以叔隗妻趙衰生盾將適齊謂季隗曰待我二十五年不來而後嫁對曰我二十五年矣又如是而嫁則就木焉請待子處狄十二年而行過衛衛文公不禮焉出於五鹿乞食於野人野人與之塊公子怒欲鞭之子犯曰天賜也稽首受而載之及齊齊桓公妻之有馬二十乘公子安之從者以爲不可將行謀於桑下蠶妾在其上以告姜氏姜氏殺之而謂公子曰子有四方之志其聞之者吾殺之矣公子曰無之姜曰行也懷與安

君命

傳十三年春晉侯使詹嘉處瑕以守桃林之塞晉人患秦之用士會也夏六卿相見於諸浮趙宣子曰隨會在秦賈季在狄難日至矣若之何中行桓子曰請復賈季能外事且由舊勳郤成子曰賈季亂且罪大不如隨會能賤而有恥柔而不犯其知足使也且無罪乃使魏壽餘僞以魏叛者以誘士會執其帑於晉使夜逸請自歸于秦秦伯許之履士會之足於朝秦伯師于河西魏人在東壽餘曰請東人之能與夫二三有司言者吾與之先使士會士會辭曰晉人虎狼也若背其言臣死妻子爲戮無益於君不可悔也秦伯曰若背其言所不歸爾帑者有如河乃行繞朝贈之以策曰子無謂秦無人吾謀適不用也既濟魏人譟而還秦人歸其帑其處者爲劉氏○邾文公卜遷于繹史曰利於民而不利於君邾子曰苟利於民孤之利也天生民而樹之君以利之也民既利矣孤必與焉左右曰命可長也君何弗爲邾子曰命在養民死之短長時也民苟利矣遷也吉莫如之遂遷于繹五月邾文公卒君子曰知命○秋七月大室之屋壞書不共也○冬公如晉朝且尋盟衞侯會公于沓請平于晉公還鄭伯會公于棐亦請平于晉公皆成之鄭伯與公宴于棐子家賦鴻鴈季文子曰

石癸曰吾聞姬姞耦其子孫必蕃姞吉人也后稷之元妃也今公子蘭姞甥也天或啓之必將爲君其後必蕃先納之可以亢寵與孔將鉏侯宣多納之盟于大宮而立之以與晉平穆公有疾曰蘭死吾其死乎吾所以生也刈蘭而卒

經四年春王正月公及齊侯平莒及郯莒人不肯公伐莒取向○秦伯稻卒○夏六月乙酉鄭公子歸生弑其君夷○赤狄侵齊○秋公如齊公至自齊○冬楚子伐鄭

傳四年春公及齊侯平莒及郯莒人不肯公伐莒取向非禮也平國以禮不以亂伐而不治亂也以亂平亂何治之有無治何以行禮○楚人獻黿於鄭靈公公子宋與子家將見子公之食指動以示子家曰他日我如此必嘗異味及入宰夫將解黿相視而笑公問之子家以告及食大夫黿召子公而弗與也子公怒染指於鼎嘗之而出公怒欲殺子公子公與子家謀先子家曰畜老猶憚殺之而況君乎反譖子家子家懼而從之夏弑靈公書曰鄭公子歸生弑其君夷權不足也君子曰仁而不武無能達也凡弑君稱君君無道也稱臣臣之罪也鄭人立子良辭曰以賢則去疾不足以順則公子堅長乃立襄公襄公將去穆氏而舍子良子良不可曰穆氏宜存則固

經十有五年春公孫歸父會楚子于宋○夏五月宋人及楚人平○六月癸卯晉師滅赤狄潞氏以潞子嬰兒歸○秦人伐晉○王札子殺召伯毛伯○秋螽○仲孫蔑會齊高固于無婁○初稅畝○冬蝝生○饑

傳十五年春公孫歸父會楚子于宋○宋人使樂嬰齊告急于晉晉侯欲救之伯宗曰不可古人有言曰雖鞭之長不及馬腹天方授楚未可與爭雖晉之彊能違天乎諺曰高下在心川澤納汙山藪藏疾瑾瑜匿瑕國君含垢天之道也君其待之乃止、使解揚如宋使無降楚曰晉師悉起將至矣鄭人囚而獻諸楚楚子厚賂之使反其言不許三而許之登諸樓車使呼宋而告之遂致其君命楚子將殺之使與之言曰爾既許不穀而反之何故非我無信女則弃之速卽爾刑對曰臣聞之君能制命爲義臣能承命爲信信載義而行之爲利謀不失利以衞社稷民之主也義無二信信無二命君之賂臣不知命也受命以出有死無霣又可賂乎臣之許君以成命也死而成命臣之祿也寡君有信臣下臣獲考死又何求楚子舍之以歸○夏五月楚師將去宋申犀稽首於王之馬前曰毋畏知死而不敢廢王命王弃言焉王不能荅申

欒書怨郤至以其不從己而敗楚師也欲廢之使楚公子茷告公曰此戰也郤至實召寡君以東師之未至也與軍帥之不具也曰此必敗吾因奉孫周以事君公告欒書書曰其有焉不然豈其死之不恤而受敵使乎君盍嘗使諸周而察之郤至聘于周欒書使孫周見之公使覘之信遂怨郤至厲公田與婦人先殺而飲酒後使大夫殺郤至奉豕寺人孟張奪之郤至射而殺之公曰季子欺余厲公將作難胥童曰必先三郤族大多怨去大族不偪敵多怨有庸公曰然郤氏聞之郤錡欲攻公曰雖死君必危郤至曰人所以立信知勇也信不叛君知不害民勇不作亂失茲三者其誰與我死而多怨將安用之君實有臣而殺之其謂君何我之有罪吾死後矣若殺不辜將失其民欲安得乎待命而已受君之祿是以聚黨有黨而爭命罪孰大焉壬午胥童夷羊五帥甲八百將攻郤氏長魚矯請無用衆公使清沸魋助之抽戈結衽而僞訟者三郤將謀於榭矯以戈殺駒伯苦成叔於其位温季曰逃威也遂趨矯及諸其車以戈殺之皆尸諸朝胥童以甲劫欒書中行偃於朝矯曰不殺二子憂必及君公曰一朝而尸三卿余不忍益也對曰人將忍君臣聞亂在外爲姦在內爲軌御姦

以德御軌以刑不施而殺不可謂德臣偪而不討不可謂刑德刑不立姦軌並至臣請行遂出奔狄公使辭於二子曰寡人有討於郤氏郤氏既伏其辜矣大夫無辱其復職位皆再拜稽首曰君討有罪而免臣於死君之惠也二臣雖死敢忘君德乃皆歸公使胥童爲卿公遊于匠麗氏欒書中行偃遂執公焉召士匄士匄辭召韓厥韓厥辭曰昔吾畜於趙氏孟姬之讒吾能違兵古人有言曰殺老牛莫之敢尸而況君乎二三子不能事君焉用厥也○舒庸人以楚師之敗也道吳人圍巢伐駕圍釐虺遂恃吳而不設備楚公子橐師襲舒庸滅之○閏月乙卯晦欒書中行偃殺胥童民不與郤氏胥童道君爲亂故皆書曰晉殺其大夫

經十有八年春王正月晉殺其大夫胥童○庚申晉弒其君州蒲○齊殺其大夫國佐○公如晉○夏楚子鄭伯伐宋宋魚石復入于彭城○公至自晉○晉侯使士匄來聘○秋杞伯來朝○八月邾子來朝○築鹿囿○己丑公薨于路寢○冬楚人鄭人侵宋○晉侯使士魴來乞師○十有二月仲孫蔑會晉侯宋公衛侯邾子齊崔杼同盟于虛朾○丁未葬我君成公

左

衎復歸于衞○夏晉侯使荀吳來聘○公會晉人鄭良霄宋人曹人于澶淵○秋宋公殺其世子痤○晉人執衞甯喜○八月壬午許男甯卒于楚○冬楚子蔡侯陳侯伐鄭○葬許靈公

傳二十六年春秦伯之弟鍼如晉脩成叔向命召行人子員行人子朱曰朱也當御三云叔向不應子朱怒曰班爵同何以黜朱於朝撫劍從之叔向曰秦晉不和久矣今日之事幸而集晉國賴之不集三軍暴骨子員道二國之言無私子常易之姦以事君者吾所能御也拂衣從之人救之平公曰晉其庶乎吾臣之所爭者大師曠曰公室懼卑臣不心競而力爭不務德而爭善私欲已侈能無卑乎○衞獻公使子鮮爲復辭敬姒強命之對曰君無信臣懼不免敬姒曰雖然以吾故也許諾初獻公使與甯喜言甯喜曰必子鮮在不然必敗故公使子鮮子鮮不獲命於敬姒以公命與甯喜言曰苟反政由甯氏祭則寡人甯喜告蘧伯玉伯玉曰瑗不得聞君之出敢聞其入遂行從近關出告右宰穀右宰穀曰不可獲罪於兩君天下誰畜之悼子曰吾受命於先人不可以貳穀曰我請使焉而觀之遂見公於夷儀反曰君淹恤在外十

左襄 二十六

二年矣而無憂色亦無寬言猶夫人也若不已死無日矣悼子曰子鮮在右宰穀曰子鮮在何益多而能亡於我何爲悼子曰雖然不可以已孫文子在戚孫嘉聘於齊孫襄居守二月庚寅甯喜右宰穀伐孫氏不克伯國傷甯子出舍於郊伯國死孫氏夜哭國人召甯子甯子復攻孫氏克之辛卯殺子叔及大子角書曰甯喜弒其君剽言罪之在甯氏也孫林父以戚如晉書曰入于戚以叛罪孫氏也臣之祿君實有之義則進否則奉身而退專祿以周旋戮也甲午衛侯入書曰復歸國納之也大夫逆於竟者執其手而與之言道逆者自車揖之逆於門者頷之而已公至使讓大叔文子曰寡人淹恤在外二三子皆使寡人朝夕聞衛國之言吾子獨不在寡人古人有言曰非所怨勿怨寡人怨矣對曰臣知罪矣臣不佞不能負羈紲以從扞牧圉臣之罪一也有出者有居者臣不能貳通外內之言以事君臣之罪二也有二罪敢忘其死乃行從近關出公使止之○衛人侵戚東鄙孫氏愬于晉晉戍茅氏殖綽伐茅氏殺晉戍三百人孫蒯追之弗敢擊文子曰厲之不如遂從衛師敗之圉雍鉏獲殖綽復愬于晉○鄭伯賞入陳之功三月甲寅朔享子展賜之先路三命之服先八邑賜

伯有聞鄭人之盟

己也怒聞子皮之甲不與攻己也喜曰子皮與我矣癸丑晨自墓門之瀆入因馬師頡介于襄庫以伐舊北門駟帶率國人以伐之皆召子產子產曰兄弟而及此吾從天所與伯有死於羊肆子產襚之枕之股而哭之斂而殯諸伯有之臣在市側者既而葬諸斗城子駟氏欲攻子產子皮怒之曰禮國之幹也殺有禮禍莫大焉乃止於是游吉如晉還聞難不入復命于介八月甲子奔晉駟帶追之及酸棗與子上盟用兩珪質于河使公孫肸入盟大夫己巳復歸書曰鄭人殺良霄不稱大夫言自外入也於子蟜之卒也將葬公孫揮與裨竈晨會事焉過伯有氏其門上生莠子羽曰其莠猶在乎於是歲在降婁降婁中而旦裨竈指之曰猶可以終歲歲不及此次也已及其亡也歲在娵訾之口其明年乃及降婁僕展從伯有與之皆死羽頡出奔晉爲

禽邑人不誡吉象曰顯比之吉位正中也舍逆取順失前禽也邑人不誡上使中也
上六比之无首凶象曰比之无首无所終也

䷈小畜亨密雲不雨自我西郊彖曰小畜柔得位而上下應之曰小畜健而巽剛中而志行乃亨密雲不雨尚往也自我西郊施未行也象曰風行天上小畜君子以懿文德初九復自道何其咎吉象曰復自道其義吉也九二牽復吉象曰牽復在中亦不自失也九三輿說輻夫妻反目象曰夫妻反目不能正室也六四有孚血去惕出无咎象曰有孚惕出上合志也九五有孚攣如富以其鄰象曰有孚攣如不獨富也上九既雨既處尚德載婦貞厲月幾望君子征凶象曰既雨既處德積載也君子征凶有所疑也

䷉履虎尾不咥人亨彖曰履柔履剛也說而應乎乾是以履虎尾不咥人亨剛中正履帝位而不疚光明也象曰上天下澤履君子以辯上下定民志初九素履往无咎象曰素履之往獨行願也九二履道坦坦幽人貞吉象曰幽人貞吉中不自亂也六三眇能視跛能履履虎尾咥人凶武人爲于大君象曰眇能視不足以有明也跛

吝著也陽卦多陰陰卦多陽其故何也陽卦奇陰卦耦其德行何也陽一君而二民君子之道也陰二君而一民小人之道也

䷩益利有攸往利涉大川彖曰益損上益下民說无疆自上下下其道大光利有攸往中正有慶利涉大川木道乃行益動而巽日進无疆天施地生其益无方凡益之道與時偕行象曰風雷益君子以見善則遷有過則改初九利用爲大作元吉无咎象曰元吉无咎下不厚事也

民義

（朋友）

狐裘而羔袖乃赦之衛人立公孫剽孫林父甯殖相之以聽命於諸侯衛侯在郲臧紇如齊唁衛侯與之言虐退而告其人曰衛侯其不得入矣其言糞土也亡而不變何以復國子展子鮮聞之見臧紇與之言道臧孫説謂其人曰衛君必入夫二子者或輓之或推之欲無入得乎○師歸自伐秦晉侯舍新軍禮也成國不過半天子之軍周爲六軍諸侯之大者三軍可也於是知朔生盈而死盈生六年而武子卒彘裘亦幼皆未可立也新軍無帥故舍之師曠侍於晉侯晉侯曰衛人出其君不亦甚乎對曰或者其君實甚良君將賞善而刑淫養民如子蓋之如天容之如地民奉其君愛之如父母仰之如日月敬之如神明畏之如雷霆其可出乎夫君神之主也民之望也若困民之主匱神乏祀百姓絶望社稷無主將安用之弗去何爲天生民而立之君使司牧之勿使失性有君而爲之貳使師保之勿使過度是故天子有公諸侯有卿卿置側室大夫有貳宗士有朋友庶人工商皁隸牧圉皆有親暱以相輔佐也善則賞之過則匡之患則救之失則革之自王以下各有父兄子弟以補察其政史爲書瞽爲詩工誦箴諫大夫規誨士傳言庶人謗商旅于市百工獻藝故夏書曰遒

人以木鐸徇于路官師相規工執藝事以諫正月孟春於是乎有之諫失常也天之愛民甚矣豈其使一人肆於民上以從其淫而棄天地之性必不然矣○秋楚子爲庸浦之役故子囊師于棠以伐吳吳不出而還子囊殿以吳爲不能而弗儆吳人自皋舟之隘要而擊之楚人不能相救吳人敗之獲楚公子宜穀○王使劉定公賜齊侯命曰昔伯舅大公右我先王股肱周室師保萬民世胙大師以表東海王室之不壞繄伯舅是賴今余命女環兹率舅氏之典纂乃祖考無忝乃舊敬之哉無廢朕命

遷延之役欒鍼曰此役也報櫟之敗也役又無功晉之恥也吾有二位於戎路敢不恥乎與士鞅馳秦師死焉士鞅反欒黶謂士匄曰余弟不欲往而子召之余弟死而子來是而子殺余之弟也弗逐余亦將殺之士鞅奔秦於是齊崔杼宋華閱仲江會伐秦不書惰也向之會亦如之衛北宮括不書於向書於伐秦攝也秦伯問於士鞅曰晉大夫其誰先亡對曰其欒氏乎秦伯曰以其汰乎對曰然欒黶汰虐已甚猶可以免其在盈乎秦伯曰何故對曰武子之德在民如周人之思召公焉愛其甘棠況其子乎欒黶死盈之善未能及人武子所施沒矣而黶之怨實章將於是乎在秦伯以爲知言爲之請於晉而復之○衛獻公戒孫文子甯惠子食皆服而朝日旰不召而射鴻於囿二子從之不釋皮冠而與之言二子怒孫文子如戚孫蒯入使公飲之酒使大師歌巧言之卒章大師辭師曹請爲之初公有嬖妾使師曹誨之琴師曹鞭之公怒鞭師曹三百故師曹欲歌之以怒孫子以報公公使歌之遂誦之蒯懼告文子文子曰君忌我矣弗先必死并帑於戚而入見蘧伯玉曰君之暴虐子所知也大懼社稷之傾覆將若之何對曰君制其國臣敢奸之雖奸之庸知愈乎遂行從近關

不如新田土厚水深居之不疾有汾澮以流其惡且民從教十世之利也夫山澤林鹽國之寶也國饒則民驕佚近寶公室乃貧不可謂樂公說從之夏四月丁丑晉遷于新田〇六月鄭悼公卒〇子叔聲伯如晉命伐宋秋孟獻子叔孫宣伯侵宋晉命也〇楚子重伐鄭鄭從晉故也〇冬季文子如晉賀遷也〇晉欒書救鄭與楚師遇於繞角楚師還晉師遂侵蔡楚公子申公子成以申息之師救蔡禦諸桑隧趙同趙括欲戰請於武子武子將許之知莊子范文子韓獻子諫曰不可吾來救鄭楚師去我吾遂至於此是遷戮也戮而不已又怒楚師戰必不克雖克不令成師以出而敗楚之二縣何榮之有焉若不能敗爲辱已甚不如還也乃遂還於是軍師之欲戰者衆或謂欒武子曰聖人與衆同欲是以濟事子盍從衆子爲大政將酌於民者也子之佐十一人其不欲戰者三人而已欲戰者可謂衆矣商書曰三人占從二人衆故也武子曰善鈞從衆夫善衆之主也三卿爲主可謂衆矣從之不亦可乎

經七年春王正月鼷鼠食郊牛角改卜牛鼷鼠又食其角乃免牛〇吳伐郯〇夏五月曹伯來朝〇不郊猶三望〇秋楚公子嬰齊帥師伐鄭〇公會晉侯齊侯宋公衛

〇定公問君使臣。臣事君。如之何。孔子對曰。君使臣以禮。臣事君以忠。

八佾

封建一

封建提要

「封建」一類的札録，原有三包，分別是「封建（一）」「封建（二）」和「封建（三）」。其中「封建（一）」内又分三札，「封建（三）」分四札（第一札内有三小札）。這三包札録，部分是吕先生從《左傳》《國語》《史記》《漢書》等史籍中摘出的資料，部分是讀《實事求是齋存稿》《陔餘叢考》等書籍的筆記。

先生的札録，天頭或紙角上通常會標出分類名稱，如「封建」「爵禄」「國數」「内外諸侯」等，也有一些寫有題頭，如第三册第一四頁「漢諸王多暴虐」，第三册第三二一頁「朝聘停留日數」等。節録或剪貼的資料，通常記有篇名卷第，如第二册第二七九頁録《晉書》材料「三7上」（即《晉書》卷三第七頁正面），第二册第三二〇頁「褒成之封」注見《三國志》「廿四2下」（即《三國志》卷二四第二頁反面）。札中也有不少先生加的按語，如第二册第二九六頁「執牛耳」，「案：觀定八（即《左傳·定公八年》）涉佗盟衛侯，劉炫説似是」。其他如第三册第一四、四六、五一等頁，也都有長短不一的按語。

「封建」各包内，還有不少雜誌剪報，此次整理只收録了一小部分；札録中的手稿部分，均按原樣影印刊出。

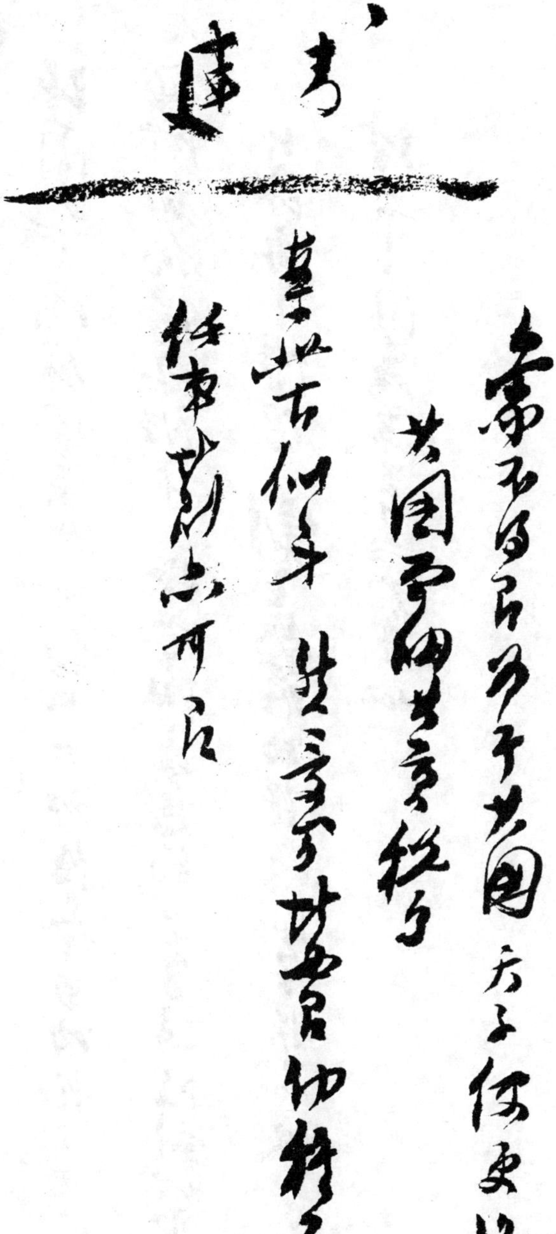

〔封建〕

比同定之之所以加置五等 王 錢 大都從令當功臣

及所制約備兩雅矣 宣室所分屬多寡改降以代窮白之之下限

是比方之憤然 劉氏錢穀功臣以得為作之 又

封之之計廣常罷矣 而事也

封土 如此如此 社某大夫則盛世封報

古封土地後劉氏于其所得下後動忠

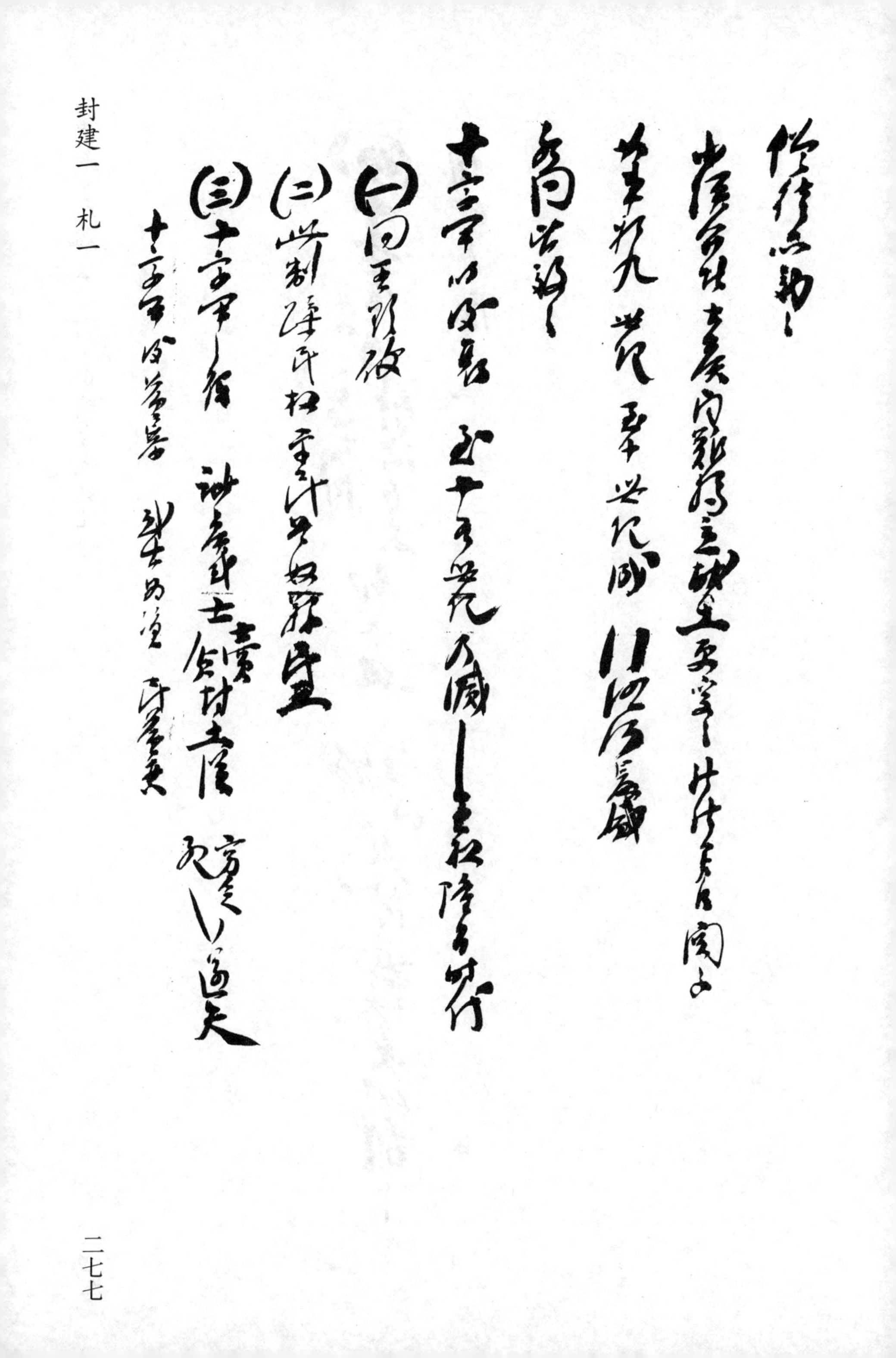

[illegible]

[illegible]

[illegible]

[illegible]

[illegible]

（一）[illegible]

（二）[illegible]

（三）十二月十一日 [illegible]

[illegible]

（四）十三年。漢之大利　此後之志郡帝與　餘　無力　多好其二試失學制——

周四年附

晉書武帝紀咸寧三年詔曰宗室戚屬。國之枝葉。欲令奉率德義。為天下式。然處富貴而能慎行者寡。……今以衛將軍扶風王亮為宗師。所當施行。皆諮之於宗師也。（三 7上）

又成帝紀咸和元年冬十月。封魏武帝玄孫曹勱為陳留王。以紹魏。（七 1下）

自漢至晉封建之制。見晉書地理志（十四 4下 5上）朝聘之制見禮志（廿一 3上）王國官制。軍制。見職官志（廿四 10下 11上）

晉僑舊何以東晉華祜去人。見晉書祜傳（卌四 5下）

琅邪封王但臨總乞多國事の子論之。見宣五王傳（卅八 2上）

扶

風王王駿卒。子暢推恩請分國封弟歆。（卅八張）

晉書荀勖傳。時議遣王公之國。帝以問勖。勖對曰。諸王公已爲都督。而使之國。則廢方任。又分割郡縣。人心戀本。必用嗷嗷。國皆置軍。官兵還當給國。而闕邊守。帝重使勖思之。勖又陳曰。如詔準古方伯。選才使軍國各隨方面爲都督。誠如明旨。至於割正封疆。使親疏不同。誠爲佳矣。然分裂舊土。猶懼多所搖動。必使人心恐擾。思惟竊宜如前。若於事不得不時有所轉封。而不至分割土域。有所損奪者。可隨宜節度。其五等體國經遠。實不成制度。然但虛名。其於實事。略與舊郡縣鄉亭無異。若造次改奪。恐不能不以爲恨。今方了其大者。以爲五等可須後裁度。凡事雖有名而無善地，若臨郡有不治，亦不可更。帝以勸言爲允。

多從其意。（卌九下）

賈充子黎民追贈魯殤公。見晉書充傳（四十下）

晉初重封建也。晉書劉頌傳（四六，六下—十一下）。據此可見晉初對封建之所以門也。又段灼傳（四八，九下—十一下）。陸機有建見所著五等論（五四，十上）。又虞溥傳傳[illegible]曰：……宜復先王五等之制，以綏久長，不可承暴秦之法，遂漢魏之失也。（八二，二上）

晉書武元楊皇后傳：武帝即位，立爲皇后。有司奏依漢故事，皇后太子各食湯沐邑四十縣，而帝以非古典不許。（卅一上）

太子無國號。又晉書安平獻王傳（三七，二上）

宋書禮志：魏制，藩王不得朝覲。明帝時，有朝者，皆由特恩，不得以為常。晉太始中，有司奏諸侯之國，其王公以下入朝者，四方各為二番，三歲而周，周則更始。若臨時有故，却在明年。來朝之後，更滿三歲乃復。不得從本數。……不朝之歲，各遣卿奉聘。奏可。江左王侯不之國。其有授任居外，則同方伯刺史二千石之禮。亦無朝聘之制。此禮遂廢。（四之85）亦見晉禮志（卅五上）

陳書徐陵傳：太建中，食建昌邑，邑戶送米至於水次。陵親戚有貧匱者，皆令取之，數日便盡。（廿六上 5 六三 84）見南史

又世祖九王高宗二十九王後主十一子傳：江左自西晉相承，諸王開國，并以戶數相差，為大小三品。大國置上中下三將軍，又

置司馬一人。次國置中下二將軍。小國置將軍一人。餘官亦准

此。為梁。武帝高祖受命。自永定訖於禎明。唯衡陽王昌。特加殊寵。至

五千戶。其餘大國。不過二千戶。小國則千戶。亦循舊史秩缺。不拘

別知其國戶數。姑綴其事附於此。（卅八ㄅ上）南史陳宗室諸王傳（六五ㄅ下）

宋宗所承賞儀於遠代。見南史荀伯子傳第二王呈文帝九

邑六十の民存於是也（卅三ㄅ下）

齊高帝時詔王爵非佐命者子國詔 南史高帝紀 詔子傳（四三ㄅ上）

了高帝賞與藏帝 南史高帝紀 詔子傳（四二ㄅ上）（四四ㄅ上）詔子傳書 又江斅傳（十二ㄅ上）

蕭子響稱事 南史梁武帝紀 詔子傳（五三ㄅ上）

與藏之原　宋大明泰始時事亦、之制州郡縣的帝從權招輕 南史

目傳呂文

錄傳（廿七北）

南史百濟傳：所治城曰固麻。謂邑曰檐魯。如中國之言郡縣也。

六國之（？）有二十二檐魯。皆以子弟宗族分據之。（廿九北）

魏書戶數並減始於高肇。見傳（七八 九上）

周書武帝紀保定二年四月癸亥。詔曰。比以寇難猶梗。九州未一。文武之官。立功效者。雖錫以茅土。而未及租賦。諸柱國等勳德隆重。宜有優崇。各准別制邑戶。聽寄食他縣。（五北）十 北史

又三年九月初令世襲州郡縣者改為五等爵。州封伯。郡封子。縣封男。（五 7上）十北 北史

北史魏本紀道武帝天賜之年九月。減爵四等。曰王公侯子。除伯

男之號。追錄舊臣。加其爵者有差。（一九上）（二九下）又見（古代史？）

隋文納于宣敏之言，遣蜀王秀鎮蜀。（卅三）（北史本傳）

初，爾朱榮封，循舊事，應授其王。由是其子彰襲濮陽郡王爵。

詔聽，仍復先爵。北史陸俟傳（卅八上）

北史論其建論（卅八上）周室誅重傳，周書〔…〕論

又王勇傳，恭帝之年，從柱國趙貴征蠕蠕，破之。進爵彭陽郡公，賜

姓庫汗氏。又論討蠕蠕之功，別封永固縣伯。時有別封之例。該迴

授洛子。勇獨請其兄子興。時人義之。（五上）

隋文懲周代諸侯微弱，以重諸子。遣蜀王秀鎮益州

州傳（七五上）見北史

北史樊子蓋傳（隋書）：……進爵為濟公。言其功濟天下，特為立名，無此郡國也。以平楊玄感功（七六，4下）（六三上）

西魏秦王紀同三儀（隋書作儀同）（四七，4上）

隋書百官志：王位列大司馬上，非親王則位在三公下。置師一人。餘並大抵與齊制不異。大都開國之調，以入國。三分食一。公已下四分食一。（二八，4上）

又國王。郡王。國公。郡公。縣公。侯。伯。子。男。凡九等。皇伯叔昆弟皇子為親王。（廿八，4下）開皇中置……為九等。煬帝是惟留王公侯三等。

餘並廢之。（廿八，4上）

高祖考建八年，因其之制，居與北齊為伍（四〇，3下）

隋書柳儉傳敘庸。……時右翊衛大
將軍宇文述當塗用事。其邑在潁川。每有書屬儉。儉未嘗開封。
輒令使者持去。述賓客有放縱者。以法繩之。無所寬貸。由是述
銜之。八年。朝於涿郡。帝以其年老有治名。將擢為大守者數矣。
輒為述所毀。不行。（五三六上）

晉書[redacted]宗室傳安平獻王孚子……及武帝受禪。……封……安平王。……
……有司奏諸王未之國。其所置官屬。隨才部署。帝以孚明德屬
尊。宜宣化樹教。為群后作則。遂備置官屬焉。（四七〇上）
又宣五王傳瑯邪王伷。武帝踐阼。封東莞郡王。邑萬六百戶。始
置二卿。特詔諸王自選令長。伷表讓。不許。（四八〇上）

魏書地形志。魏自明、莊。寇難紛糾。攻伐既廣。啓土逾衆。王公錫[redacted]社。
一地累爵。不可備舉。故總以爲郡。（下略）
魏減五等之爵爲四（天賜元年）賜王公侯子國臣吏（二年）見官氏志
周書閔帝紀元年正月乙卯。詔曰。惟天地草昧。建邦以寧。今可大
啓諸國。爲周藩屏。於是太師李弼爲趙國公。太傅趙貴爲楚
國公。大宗伯獨孤信爲衛國公。大司寇于謹爲燕國公。大司空侯莫
陳崇爲梁國公。大司馬中山公護爲晉國公。邑各萬戶。（三）
又宣帝紀。大象元年五月辛亥。以洺州襄國郡爲趙國。以齊州濟
南郡爲陳國。以豐州武當、安富郡爲越國。以潞州上黨郡爲代
國。以荊州新野郡爲滕國。邑各一萬戶。令趙王招。陳王純。越王

盛代王達勝王尚遇蕃之風。（七上）

關中侯在關內侯下　通鑑八三卅下　關外侯　同上九六卅下　東制見晉書帝紀（三下上）

騎寺　通鑑程10下

主至主公。通鑑宋武帝大明六年渡江左以來諸王出鎮僚屬

以呼為主，王諸公府僚呼為主公（號上）

魏五等品開國有散。通鑑梁武帝天監十年甄琛表言世祖以

五等散男為王司州里宰，准散男備爵為五等男而居散官者。魏

注曰魏公侯伯子男有開國有散，凡散者降開國一品，非以大

居散官而謂之散男也（同上）

都精王。通鑑梁武帝普通七年注以周書趙貴王曾統真等將

兵掠荊南。時杜預、周旨等俱亮并軍中將領無不加以重爵。曹純直乃封猜加重，攬如日：猜王之（疑）

國名三字○莊元鄀鄑郚

南莊伯齊○右莊三十札莊仲父疏注

鄀即冉鄀即沇○陳方補注汝南郡平興（以上迴）

莒有二○路史有二莒在陳留者據杜黃帝時在河南偃師召鄙

杜在子昭與莒關同

晉樂盈曰得罪於王之守臣指晉昭公寔事求是之精義二
春秋不識世俗說

小城曰附庸十五釋庸
求古錄禮說

方遷

豕韋。莊子大宗師。豨韋氏得之，以挈天地。釋文，司馬云，上古帝王名。又知北遊，豨韋氏之囿，黃帝之圃，有虞氏之宮，湯武之室。又外物，且以豨韋氏之流，觀今之波，夫孰能不波。左昭廿九，以更豕韋之後。注，劉累代彭姓之豕韋。累尋遷魯縣，豕韋復國。至商而滅，累之後世復承其國，為豕韋氏。

路史豕韋防姓

邾從蘄。史記項羽本紀，以吳芮為衡山王，都邾。邾，正義，春秋時邾國。書推狄居〔呈〕，不曾隱公從蘄。殿本考證，其於隱公世無邾從蘄事

須句。邾種沛邾注 7 8

封建

計國見經傳者　皆見左疏

荀賈　姬姓　左桓六

薛　任姓　隱十一

鄧　曼姓　桓七

燕　姞姓　隱五

隨　姬姓　桓六

莒　己姓　隱二（杜例云嬴姓　少昊後）

州　姜姓　桓五

向　姜姓　隱二

荀魏　姬姓　桓三

夷　妘姓　隱元

息　姬姓　隱十一

黃　嬴姓　莊十九

郳　邾　即小邾出于　莊五

巴 徑種聰十 三巴徑

梁 言關羽梁 言關侯十七

蜀 已狸

南 獻撣

封建

共主前王當王王　漢高紀十二年詔　紀建始元年注

差列侯功定朝位嗣子各襲其功位　漢高后紀二年（三下）

夫人太夫人　漢文紀七年注（四下）

罷諸侯御史大夫官　事在景帝中二年　更名諸侯丞相為相

在五年　藩國始分子弟畢侯　在武帝元朔二年皆

見紀

漢帝諸子之次侍從母表從長及書時　諸侯王表楚元之王交及表末注（十四之上18）

封建

漢丞相封千戶　漢書外戚恩澤侯表載楊敞侯策詞以丞相侯二千五十戶上當以封事不足千戶益足千五十戶

姜者四郡乃三郡之誤　見漢書廿七下之上考證

淮南王長自作法令　漢書本傳(四四下)

如淳引漢儀注吏四百石以下自除國中　漢書衡山王傳注(四四下)

「梁王以至親故得自置相二千石　漢書韓安國傳(五二下)

臨江閔王被徵，父老為之流涕　漢書本傳(五三上21)

封建

身死追封曰封家 漢書張湯傳(五九上)

陽狂讓國 漢書韋賢傳(七三上)

王尊拜封東平王 漢尊傳(七六上)

隱訓侯 後漢書鄧禹傳(四六上)

漢列侯傳國久莫如張安世至嗣八世二百年經歷舉

亦未嘗譴黜 後書張純傳(六五上)

安帝永初七年二十八將絕國皆紹封 見後書馮異傳(四七上)

書達

漢舊制由相擇日書名列奏惟侯霸追書 見後書本傳（五六卅）

魏書三公之失 魏志崔林傳注（廿四 卅一下）

歐洲封建制度

……第八世紀（武后長安二至德宗貞元十六）……西歐狀況並非野蠻，是時歐洲東部猶在極盛之境……西部則不然……雖有文明崩潰、法治蕩然、道途毀壞、教育陵夷之象，然大部分人仍習文明之觀念留攗……時有海盜、賊橫行，罪人無判處之刑殺在此……擾攘之中漸有一種新秩序出現……在近世若干社會分崩者地，或將結成團體，自為守衛，合力恢復一種警察制度及一種具體而微之民主政治。而第六（齊和帝中興元至隋文帝仁壽元）、七（隋文帝開皇二十至武后久視元）、八世紀西部帝國破裂時，則亦無一般人觀念恒向……人而亦向團體為政治中心者，或為豪長之酋長，或為強大之主教，或為市任羅馬官吏之人或爲……地及世家望族之屬或爲獨任攬權之好人凡雜處其間者即不安全……恒被迫而附隸於他人以自保尤願附隸已爲强之人無依之人每擇境中最有勢最活躍之人而依之……自由民或壤地褊小之貴族則擇較已爲强大者而附屬之諸侯之附屬益衆則其保護之者力益强因此西羅馬淪胥之大海中忽有政治結晶作用發生保護者與隸屬者之自然結合發達極速而成爲一種制度……

……高盧境內當蠻族侵入……前此種制度已因時局不安而頗有進步　法蘭克人侵入高盧更攜一種制度以俱來……爲酋長者每將良家……子弟爲其……隨戰之扈從……宰割其

所得之地以頒其從者　故封建制度……出於衰之羅馬帝國而得合羣互保生命財產之觀念由條頓民族而得騎士制度盡忠效勞於其主人之觀念蓋此經濟方面從者義俠方面也

以封建制度之結合與物體之結晶相比擬最為切合　史家試舉第四第五兩世紀（晉惠帝永寧元年歷宋[illegible][illegible]永元之二）西歐混亂之酋長將見首領之下有附屬附屬之下有從者其發展之形式如金字塔然為首領者或互相排擠或互相紛歧有時瓦解有時融和吾人之用封建制度一語為便利計耳若謂其含有統系之意味即為失當封建制度即在極發達之時期亦絕無系統之可言其為物也實一種曖昧組織之混亂耳各地所流行者亦不相同故無怪各封

土間各有其特異之習慣惟壓抑農奴諸受底人之封建制度在十一世紀與十二世紀時封建上極其完備事實上亦極有效……封建制度之關係以封土為基礎封土本並（直接附屬土地）亦有以代物為封土之資材和職位金錢貨物徵稅之權關渡磨坊之權等皆是也受封者本者繼於主人為附屬（Vassal）號於主人之家伸兩手於主人手中許為服務盡此義務則不及子孫承襲以封土為財產於佃戶亦不翅為實際上之地主　藉自受職之禮為封建制度契約之起點兩方所負義務普通與特別規定之但就當地之慣例定之附屬所負義務……隨地而異大概可分二類一普通特別凡財政入款出於主人為主人謀利益守秘密洩漏敵人之

計畫保護主人之家庭等觀念中者有屬第一類特別義務較易
明定易據地方慣例而自主權之範圍有時且等之於封中最
著者為從軍之義務包括及召出馬甲冑須具特別武裝從軍
時訂之參旋等亦有包括防守主人堡壘或自守堡壘以適應主
人之計畫而防護其采邑者
神權論言封建制度以封土網羅臣附下自領貴之騎士上至尊
天沙事之國王處次井其也此物理論之加於封建
制度之寄構乃自由意志之合作也或補封建之國乃私法備奪
公法地位之邦毋寧謂公法失敗而消滅私法深處入而代之較
為近真耳公衆之義務已變為私人之責任矣　世界史綱卅二章二節頁538

外交

宗廟會同錄（求古錄禮說六） 會同考（十三 同上） 四岳與殷國（同上）

朝覲考（十三 同上） 來朝不封而不絕臣之義（同上） 諸侯相見君臣

常見諸侯朝覲考 諸侯見天子（同上）

漢不臣匈奴。宣紀（以上）蕭望之傳（七八止）

劉子駿議以為匈奴遂常為民。漢書韋賢傳（卅四下止）

呂后報匈奴書之議。漢書匈奴傳（九〇上止）

封建

周官王制諸侯封建計算法非周之封國實有此數　實事求是齋經義

二周官封城說

封建——与考稷大夫
餘已存稿の
又上下大夫

封建

齊魯之並封 注引公陵自謂又云 齊魯之國封地於下

封爵

秦爵之見于左傳

此實事求是齋經義一之七庚子非

五卿之
子弟辨

遵古今於朝義癸巳歲稿　六

會盟

春秋所書列國之次皆據會盟于某則為問

癸巳歲高常五古信实

明見男子方作敎案

朝聘

春秋不諱將於河陽說實更爲是
與經義二

朝覲

朝宗覲遇因時異名儀節非異

僅實、求是從經說一

天子當依而立云云解

王禮

會同巡守撫以守邦國因巡守撫四方

無覲諸侯之會同實事求是然隱義之春秋不諱狩於河陽說

委札

本部旅帅礼前志年[redacted]因刘静修经以两诏
本军帅十二年二月十二日关十二里发军明文
凭刻前陞日转文二天字七朝二纸共一

王礼

成王以許魯以郊禘之礼樂祀周公

後乃僭郊禘之祀 禘祫問答第十五

條十七條十八條

封建

周官封地考非周初之制

東塾讀書記七第三條

封建

以待時而後發之存物

一過將

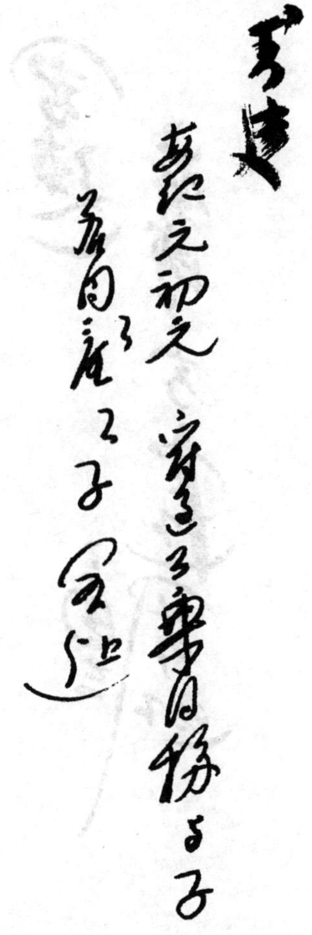

（書述）

廢除一切書述

（三國志 [illegible]述）

（封建）

时间
空地

两个社会形了

氏族人独占

不对劳路

封族来家

以地设人奉地不据

春秋的身份的

一人一處

封建

命

王制三公一命卷若有加則賜也不過九命次

國之君不過七命小國之君不過五命

大國之卿不過三命下卿再命小國之卿

與下大夫一命

世子加一等見某官與命

九錫

左傳僖合文嘉　莊元公穀注同　詩大

疋瑟彼玉瓚疏引同　九錫與九命異見

穀梁疏

「禮百里君之九命七十里君之七命五十里君之五命」

見公莊元解詁「諸侯有功德其地君之百里侯

有功加以九賜」見疏引含文嘉注

追錫　淮南　見公穀　莊元

來錫命　淮南　見穀　文元　成八

錫命之辭見左氏王使劉定公賜齊侯命

杜注左[redacted]氏云「諸侯即位天子賜以命圭合瑞為信」

見文元　成八　文元疏云命者服　來於時錫命

事見成八疏

再命而御史受三命

見左昭十二

魯君賜晉臣服

左襄十九

鄭伯賜其臣服

左襄廿六　諸侯命臣臣請重之法見疏

一諸儒弟子功列賜完遺

詩古足征高毛傳 中但書〻

附庸の命

見石隱元公及鄰儀文照於茂疏

微國之君未爵命

穀隱元 公及邾儀父盟于眛。眛、、、其不言邾子何也？邾之上古微，未爵命于周也。

又莊五 郳黎來來朝。郳，國也。微國之君未爵命者也。

又僖廿九 介葛盧來。介，國也。葛盧，微國之君未爵者也。

又莊廿三 蕭叔朝公。微國之君未爵命者

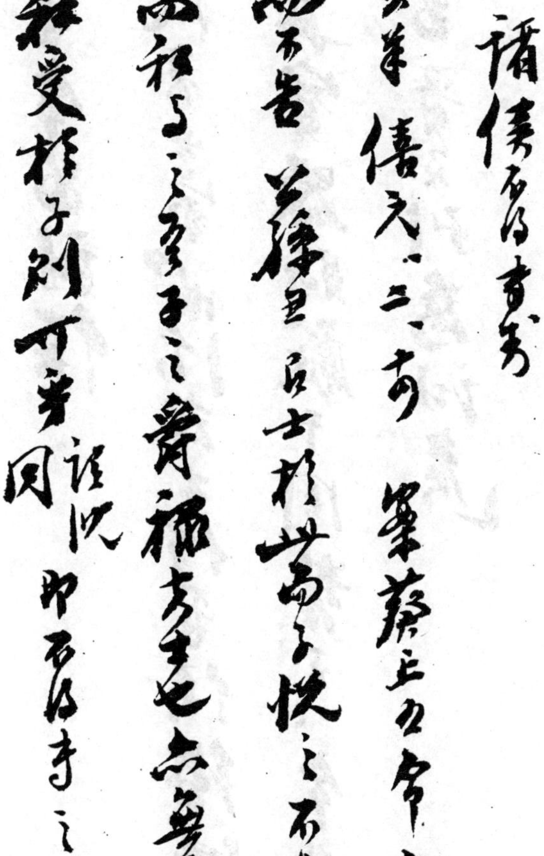

王命曲沃侯

史記晉世家：曲沃武公伐晉侯緡，滅之，盡以其寶器賂獻于周釐王，釐王命曲沃武公爲晉君，列爲諸侯。

為諸侯

是以秦本紀昭襄王八年魏公子勁韓公子長

為諸侯　索隱別封之邑比之諸侯猶商君

趙長安君亦然

又十六年魏冉陶為諸侯

又樂毅列傳報遺燕惠王書曰　先王以為慊於

志故裂地而封之　使得比小國諸侯

封建

兼封兩邑

左昭廿七 使延州來季子聘于上國 注季子本封延陵，後復封州來，故曰延州來

湯沐邑

王制：方伯為朝天子，皆有湯沐之邑於天子之縣內，視元士。疏（異義）：公羊說，諸侯朝天子，天子之郊皆有朝宿之邑，從泰山之下皆有湯沐之邑。左氏說，諸侯有功德於王室，京師有朝宿之邑，泰山有湯沐之邑。……其餘則否。許……按：京師之地皆有朝宿邑，周千八百諸侯，盡京師地不能容……不從公羊之說。鄭無駁，當與許同也。

周爵五等法五行　南面之君法五剛日北面之臣法五柔日

王制王者之制禄爵注　疏引元命包及注

周士爲爵

士冠禮古者生無爵死無謚　注周制以士

爲爵死猶不爲謚耳

書建

稱名

蓋隱之注「昧其自也所以下」蓋稱名者臣子以所引為據其名之文

著者當時之辭最可尊者採臣子以明其名之文使

後稱名故春秋以臣子而葬者皆稱名」

左疏卷一擇「其當時之辭雖可原據臣子不其

可見皆稱而名之者釋之當也」

勉案伯有之臣音要不在疊名 [illegible]

封建

「同姓大國則曰伯父其異姓則曰伯舅同姓小邦

則曰叔父其異姓小邦則曰叔舅」

覲禮

泰山之下諸侯皆有湯沐之邑

天子之郊諸侯皆有朝宿之邑

出隱八

天子三公王畿之內稱公其餘大國稱侯百里

小國稱伯子男七十五十里

公隱五初獻六羽

封建

附庸之義

案鄭以庸爲城。春秋說云「庸者通也，官小德微，附於大國，以名通，若畢星之有附耳」。公羊隱元「君之始年也」疏。

畿内有侯男乎

大雅烝民毛传：仲山甫，樊侯也。疏：杜预云：经传不见畿内之国称侯男者，天子不以此爵赐畿内也……传言樊侯，不知何所案据。

封建

大夫有為於其國

孟子萬章上 象不得有為於其國天子使吏治其國而納其貢稅焉故謂之放豈得暴彼民哉

勉案春秋封國時子弟受封蓋並已皆不自治國之事

春秋

[redacted]春秋稱子乃未成諸侯之君

豐鎬考信錄三·一

上大夫

王制「諸侯之上大夫卿」疏「此上大夫卿外指召下大夫卿以下文除卿之外更有上大夫下大夫皆謂[illegible]下大夫中一更分爲上下耳」

「書稱公者，臣子之心所欲尊，使其君父亦若王者。
公爵最尊，王者探臣子心欲尊其君父，以使
得稱公。故春秋以臣子書葬者皆稱公」
隱元解詁　葬桓十七葬蔡桓侯不稱公

人臣功有五品

史記高祖功臣侯年表　古者人臣功有五品

以德立宗廟定社稷曰勳以言曰勞用力曰功

明其等曰伐積日曰閱

屬國非私屬

穀定十五邾子來奔喪滕子來會葬注鄰

滕魯之屬國。疏范甯答薄氏屬國非私屬

五國為屬屬之有長曹滕之鄰世屬服事哉

故謂之屬。

封建

主君

左昭廿九「齊侯使高張來唁公，稱主君」

注「比公於大夫」

勉案大夫稱主，似是主君之略

封建

夏殷服名不可知

詩大疋文王　侯於周服疏

尚建

三皇異說

周討旃上方[illegible]蹤

封建

天子一位

前乎王制序官辟以天王大序及此亦天子一位不殊絕之義也

喪服傳「諸侯之子稱公子，公子不得禰先君；公子之子
稱公孫，公孫不得祖諸侯，此自卑別於尊者也。若
公子之子孫有封為國君者，則世世祖是人也，
不祖公子，此自尊別於卑者也。是故始封之
君不臣諸父昆弟，封君之子不臣諸父而臣
昆弟，封君之孫盡臣諸父昆弟。」
郊特牲「諸侯不敢祖天子，大夫不敢祖諸侯。」左氏：宋祖帝乙，鄭祖厲王。
邑有宗廟先君之主曰都。

宗邑必在宗主

左襄廿七齊崔杼生成及彊而寡娶東郭姜生明東郭姜以孤入曰棠無咎與東郭偃相崔氏崔成有病而廢之而立明成請老於崔崔子許之偃與無咎弗予曰崔宗邑也必在宗主

「謝保稱同姓大夫長曰伯父少曰叔父」

右隱五叔父有憾於寡人注

封建

三恪

左襄廿五鄭子產獻捷於晉　晉人問陳之罪對曰昔虞閼父為周陶正以服事我先王我先王賴其利器用也與其神明之後庸以元女大姬配胡公而封諸陳以備三恪

封建

「諸侯入爲天子大夫，更受采地於京師，天子使大夫爲治其國」。公定四葬劉文公解詁

勉案：孟子言象萬章上蓋本此。

緇衣毛傳：諸侯入爲天子卿士，受采祿。

封建

九錫異說

路史發揮 三・三

封建

鄭司農以周禮九命與含文嘉九賜是一康成以爲不同　公羊說九賜之次與含文嘉不同

曲禮三賜不及車馬疏

封建

「孝經緯云二王之後稱公」

天官內宰疏

考建

「君謂有地者也」

喪服傳

封建——郡縣

諸侯縣公皆慶寡人　左宣十一

韓賦七邑皆成縣　十家九縣　其餘四十縣　昭五

克敵者上大夫受縣下大夫受郡　左哀二

封建

使周內史選其族嗣納諸霍人 左襄十 參此與

附庸絕

我于周為客 左昭廿五

足以為祀將其絕也 出為封邑以為己 生在殺

戒不生害由也 左襄廿二 窮信季氏可也 廿三

鄒滕人之私也我列國也 左襄廿七 薛滕宋 定元

國有大城末大必折尾大不掉 左昭十一

禹合諸侯於塗山執玉帛者萬國 左哀七

子干與秦后子皆百人之餼 左昭元

封建

與國殊絕

趙世家……趙夙爲將伐霍，霍公求奔齊。晉大旱，卜之，曰霍太山爲祟，使趙夙召霍君于齊，復之，以奉霍太山之祀，晉復穰。

封建

歐洲東方封建之異

東方土地由國家分配（土地所有集中）歐洲由地主分配

榨取則同——土地所有者榨取之甚

東方廣此界 坊之工程若大皆由榨取而得

之考為之

皆吏成地主 地主為諸侯 大族於天子務

地主有兵戰爭則為天子隊

封建

注再言至病人也○解云謂反覆思惟踟躕之間故再告○此言夫何敢使病者意安耳○注孔子曰至思義○解云引之者欲言季子反覆思惟合於君子之道言見得思義者得謂利祿也餓而牙弒○械成是時牙實欲自弒君兵械已成但事未行爾有攻守之器曰械○餓五多反牙殺申志反注及下親弒同械戶戒反季子和藥而飲之藥者酖毒也傳曰酖之是也時季子亦有械故能飲之傳不道者從可知○飲於鴆反注同酖毒本亦作鴆直蔭反下文同疏注藥者至是也○解云即下云然則曷為不直誅而酖之云云者是曰公子從吾言而飲此則必可以無為天下戮笑必有後乎魯國時世大夫誅不宜揚子當繼體如故疏則必可以無為天下戮笑○解云言不為天下所共戮不為天下所共笑矣○注時世大夫○解云欲道古禮大夫不世矣不從吾言而不飲此則必為天下戮笑○必無後乎魯國於是從其言而飲之飲之無傫氏至乎王堤而死公子牙今將爾今將欲殺無傫○無本又作巫傫音力委反又力追反堤丁兮反疏飲之無傫氏○解云或是大夫家或是地名言飲酖毒之藥于無傫氏矣舊云飲之無傫氏者言飲此毒不累其子孫謂當立其氏族也者非也○至乎王堤而死○解云王堤蓋地名辭曷為與親弒者同辭傳序經辭親躬親也疏注辭傳序經辭○解云知如此者正以經書公子牙卒無誅殺之文傳云曷為不言剌之云是將為亂乎故知此辭與親弒者同但是傳序經辭非為經也君親無將將而誅焉親謂父母○無將如字問公本將不誅將而皆同或子匠反非也然則善之與曰然殺世子母弟直稱君者甚之也季子殺母兄何善爾誅不得辟兄君臣之義也以臣事君之義也唯人君然後得申親親之恩○與音餘疏殺世子母弟至之也○解云即僖五年春晉侯殺其世子申生襄二十六年秋宋公殺其世子痤○痤之屬者是殺世子直稱君之經也隱元年夏五月鄭伯克段于鄢襄三十年夏天王殺其弟年夫之屬者是殺母弟直稱君之經也○注唯人至之恩○解云欲道殺世子母弟所以直稱君甚之之義言得申親親之恩而不申之故甚其惡耳然則曷為不直誅

十三經注疏　公羊九　莊公三十二年　二三

而酖之行誅乎兄隱而逃之使託若以疾死然親親之道也明當以親親原而與之於治亂當賞疑從重於平世當罰疑從輕莊不卒大夫而卒牙者本以書國將弒君書日者錄季子過惡也行誅親親雖酖之猶有恩也疏隱而逃之○解云言隱匿辟殺是以不直誅而酖之矣○注明當至與之○解云明春秋之道當親其親而原季子之心而與之故善之耳○注於治至從輕○解云注言此者欲道春秋者撥亂之書是以原其親親而賞季氏即賞疑從重也當所傳聞之世天下未平是以升平疑獄不得不誅故云於平世乃可罰疑從輕矣○注莊不至弒君○解云上三年春王正月溺會齊師伐衛傳云溺者何吾大夫之未命者也彼注云所伐大夫不卒者莊公薄於臣子之恩故不卒大夫與桓同義是也今牙書卒者本以當國將弒君故也○注書日至過惡也○解云正以春秋之義於所傳聞之世大夫之卒不問有罪無罪皆不書日以略之因示其恩淺即隱元年冬十二月公子益師卒隱八年冬十有二月無駭卒之屬書日故解之言錄季子過惡也者止以為季子過其惡之故是以詳錄之耳（

19

○升正柩諸侯執綍五百人四綍皆銜枚司馬執鐸左八人右八人匠人執羽葆御柩大夫之喪其升正柩也執引者三百人執鐸者左右各四人御柩以茅升正柩者謂將葬朝于祖正柩於廟也五百人謂一黨之民諸侯之大夫邑有三百戶之制綍引同耳廟中曰綍在塗曰引互言之御柩者居前道正之大夫士皆二綍○葬悉亂反比必利反下同爲于僞反枚音梅鐸大洛反葆音保引以愼反注同茅亡交反朝于直遙反道音導【疏】升正至以茅○正義曰此一經明諸侯大夫送葬正柩之禮執鐸之差○升正柩者謂將葬朝於祖廟柩升廟之西階於兩楹之閒其時柩北首故旣夕禮云遷于祖用軸升自西階正柩于兩楹閒是也四綍皆銜枚者謂執綍之人口皆銜枚止諠囂也○司馬執鐸左八人右八人者司馬夏官主武故執金鐸率衆左右各八人夾柩以號令於衆也○匠人執羽葆御柩者匠人工人也羽葆者以鳥羽注於柄頭如蓋謂之羽葆葆謂蓋也匠人主宮室故執蓋物御柩謂執羽葆居柩前御行於道示指揮柩於路爲進止之節也然周禮喪祝御柩此云匠人者周禮王禮此諸侯禮也○注五百至二綍○正義曰按周禮注六鄉主六引六遂主六綍經云執綍則總舉六遂而言黨者此是葬鄉遂之家正取五百人是一黨之人數耳或是畧舉鄉中之黨則遂之鄙亦可知云諸侯之大夫邑有三百戶之制者謂小國中下大夫也故郭注易訟卦云小國之下大夫采地方一成其定稅三百家故三百戶也其實大國下大夫亦三百戶故論語云管仲奪伯氏駢邑三百注云伯氏齊大夫是齊爲大國下大夫亦三百家也其天子公卿大夫按小司徒職注云百里之國凡四都五十里之國凡四縣二十五里之國凡四甸然則大都公之采地方百里小都卿之采地方五十里家邑大夫采地方二十五里熊氏云以此推之公之大都采地方百里侯伯大都采地方五十里子男大都采地方二十五里以畿外地闊故公之大都與天子大都同也其中都采地無文其小都則下大夫三百家一成之地也一成所以三百家者一成九百夫宮室塗巷山澤三分去一餘有六百夫地又不易再易通率一家而受二夫之地是定稅三百家也云綍引同耳者其義具在檀弓疏

另具

卿 係

再、曾四弟子之矣寄祝伯

之壽

謝師大宗匠鈞

弟子大[illegible]見[illegible]爰起二十五年作至百年積北向

鈞 弟千 四 [illegible]

三七 [illegible]

三 弟 [illegible] 鑒

[illegible]

、、五年、國此柱、在之湖[illegible]城之西

、、、此學通經籍世[illegible]世、、、[illegible]

林麓以文 滄浪園[illegible]園之 陸之矣

」古今籍札記之

千[illegible]自[illegible]

封建

而驕上請奪之以會桓公曰何謂奪之以會管子對曰粟之三分在上謂民萌皆受上粟度君藏焉五穀相靡而重去什三為餘以國幣穀准反行大夫無什於重君以幣賦祿什在上君出穀什而去七君斂三上賦七散振不資者仁義也五穀相靡而輕數也以鄉完重而籍國數也出實財散仁義萬物輕數也乘時進退故曰王者乘時聖人乘易桓公曰善

特命我者特教我也百音邁勉力也領去也教我如古之天子領去奢泰省奝其用以散之大

桓公問管子曰特命我曰天子三百領泰奝而散大夫准此而行此如何管子曰非法家也大夫高其壟美其室此奪農事及市庸此非使國之道也民不得以織為縿綃而貍之於地彼善為國者乘時徐疾而已矣謂之國會

桓公問管子曰請問爭奪之事何如管子曰以戚始桓公曰何謂用戚始管子對曰君人之主弟兄十人分國為十兄弟五人分國為五三世則昭穆同祖十世則

為祏故伏尸滿衍兵決而無止輕重之家復游於其間故曰毋予人以壤毋授人以財財終則有始與四時廢起聖人理之以徐疾守之以決塞奪之以輕重行之以仁義故與天壤同數此王者之大轡也

桓公問管子曰請問幣乘馬管子對曰始取夫三大夫之家方六里而一乘二十七人而奉一乘幣乘馬者方六里田之美惡若干穀之多寡若干穀之貴賤若干凡方六里用幣若干穀之重用幣若干故幣乘馬者布幣於國幣為一國陸地之數謂之幣乘馬桓公曰行幣乘馬之數奈何即臣乘馬所謂筴乘馬者臣猶實也筴者以幣爲筴而幾重射輕管子對曰士受資以幣大夫受邑以幣人馬受食以幣則一國之穀資在上幣貲在下國穀什倍數也萬物財物去什二筴也皮革筋角羽毛竹箭器械財物苟合於

3

封建

周禮春朝秋覲漢改爲春朝秋請

書題

夏商兼公遺札（上冊）

[illegible]

書長

戰國策(11)3上(20)1上(25)6上(卅)4下

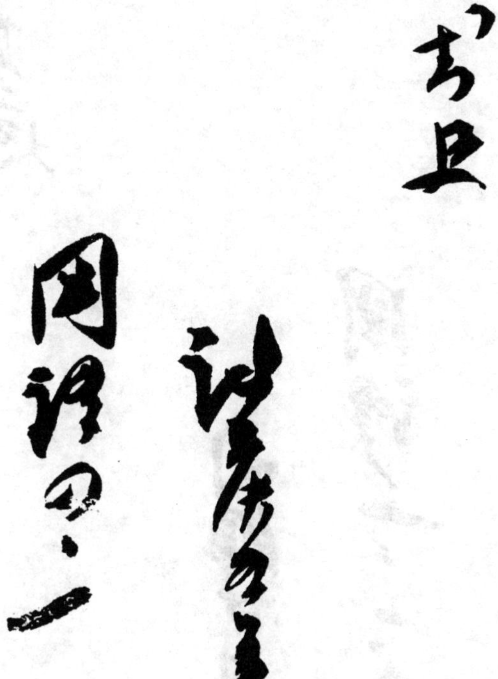

封建

句踐廿條云云

國語一二上

封建

諸侯之宗不立也

公羊十一

將相接據傳　臣弑曰且秋之所討者

且君於侯其社稷者絕正

勉

東坡不當罪人也

書具

耑此　布頌卿安祝康

上思勉啓

生遠　伯

六七　子月

封建

自黄通有万侯，兴年十三千，每数邑居山
川，国方千里
秦十家伍千　录共十一地

(秦史)

以上第三節訖

兩〇

[illegible]第[illegible]石的良[illegible]去也人民窮邪出

相繼亦

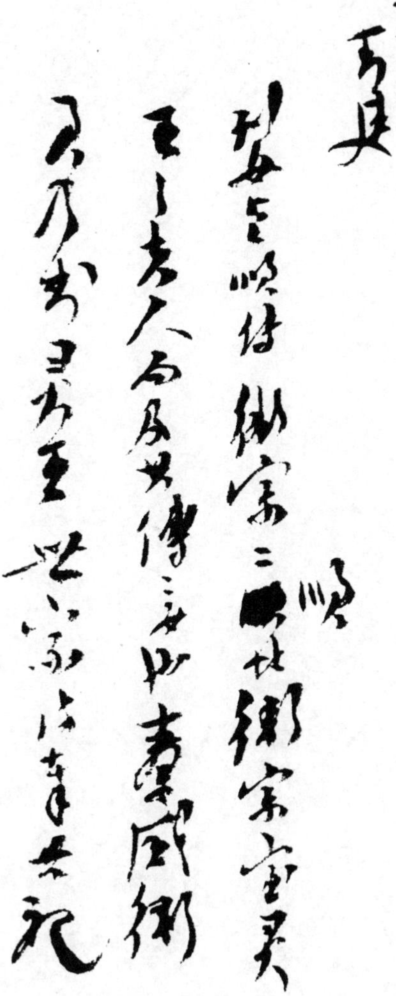